JN077096

マドンナメイト文庫

禁断告白スペシャル 相姦不倫ー背徳の肉悦

素人投稿編集部

E N T S

〈第一章〉禁断の一線を越えてしまった男と女

〈第二章〉愛する人を裏切った

ます。
編集部でリラ
なお、投稿者はすべて仮名です。

〈第一章〉

禁断の一線を越えてしまった男と女

近所に住む義兄の支配的セックスから身も心も離れられなくなった私……

野中美奈　主婦　四十二歳

毎週木曜日の午後二時、私は、近所に住んでいる義兄の隆義《たかよし》さんと、地元のショッピングセンターの駐車場で待ち合わせると、二人でラブホテルに入ります。夫はもちろん、義姉の祐希《ゆうき》さんもまったく気づいていないことです。

義兄夫婦はもともとは共働きでしたが、一年ほど前に隆義さんが長年勤めた高級外車販売店をリストラされ、いまは祐希さんだけが働きに出ています。五十三歳という年齢から再就職が難しく、また大手アパレルに勤める祐希さんに十分な稼ぎがあったので、隆義さんとしても「せいぜい気楽に主夫をやらせてもらうよ」と、最初のうちは無職の日々を楽しんでいるように見えました。

骨太で体が大きく、押し出しも強い隆義さんは、高校時代にラグビーで全国大会に行ったこともある、地元ではかなり知られた選手だったそうです。五つ下の弟である夫は、そんな隆義さんとは正反対の線の細い文系タイプでしたが、私と結婚する前から、隆義さんのことを「すごい兄貴なんだ」とよく自慢げに話していました。

高校を出た隆義さんは、東京の大学でもラグビーを続け、卒業後、地元に残った高校時代の先輩が働いている高級外車店で営業職に就きました。元有名選手としての顔もあり、一時期はかなりの好成績を上げていましたが、不景気の煽りを受けてここ数年で業績が低迷してしまい、誘ってくれた先輩に土下座されるかたちで退職を引き受けたのだそうです。

「子どものいるヤツを優先してやらなきゃならないだろ？　俺んとこは祐希もがんばってくれてるからさ……自分が身を引かなきゃと思ったんだよ」

うちに来て夫とお酒を飲みながら話しているその顔に、強がった様子はありませんでした。

管理職として忙しくしている祐希さんは帰宅が遅く、夕飯も外で食べてくることが多いそうで、「家にいてもやることなくてさ。じっとしてると息苦しくなってくるんだよ」と、隆義さんは退職して少しすると、頻繁にうちへ来て夫とお酒を飲みたがるようになりました。夫は公務員なので帰宅が早いですし、特に金曜日は翌日が休みのため時間を気にせず飲めるということで、ほとんど必ず来ていました。

あまりお酒の飲めない夫もよくつきあい、隆義さんが帰ったあとで「ごめんな、ツマミ作るのもたいへんだろ」と、私に対してはすまなそうにしてきましたが、私自身が隆義さんの訪問を迷惑と感じたことはありませんでした。

結婚して十五年……夫との会話に刺激はすでにありませんでした。隆義さんは、私が何か料理を出せばいつも褒めてくれますし、家の中が明るくなるので、なまじ夫と二人だけでいるよりも楽しい時間を過ごせたのです。

そんな生活がガラリと変わることになったのは三カ月前、金曜の夜のことでした。

その日、隆義さんは祐希さんが仕事先でもらってきたという、高価なウイスキーのボトルを持ってうちに来ていました。ただでさえ飲めない夫は洋酒が特に苦手だったのですが、隆義さんに「マッカラン十二年だ。水で割らずにストレートかオンザロックでいけよ」と言われ、「本当だ、香りが違うな」などと、わかりもしないのに軽々にグラスを傾けていました。

体質的に飲めない私は、料理を出したら自分のぶんの食事をし、適当なところでお風呂に入って先に寝てしまうのが常でした。隆義さんはたいてい、十二時前後に帰っていきます。そうしたら夫が眠りにくるので寝ながらでもそうとわかるのですが、その夜、夫婦のベッドに入ってきたのは、夫ではなかったのです。

眠りについてどれくらいの時間が経《た》ったのか、寝室の戸に背を向けて横向きで寝ていた私は、背中に人のぬくもりを感じ、寝ぼけまなこで枕元の時計を見ました。午前一時でした。再び眠ろうとすると、後ろから乳房のふくらみに手をかぶせられましたが、このときはまだ酔った夫が珍しく抱き着いてきているのだと思っていました。

おかしい……と違和感を覚えたのは、お尻に硬いものが押しつけられているのを感じたときでした。よく気をつけてみれば、背中に当たっている胸部の広がりや厚み、乳房を包んでいる手の大きさ、腕の太さも夫とはまるで違っていました。

夫でないということは、背後にいる人物は一人しかありえません。ゾクッとして固まった私は、驚きと困惑から声を出すことも動くこともできませんでした。

そうするうちに、パジャマのボタンをはずされたと思うと、大きな手が中にすべり込んできました。寝るときにブラは着けておらず、乳房全体をすくい上げるようにもみしだかれながら、指の股で先端をキュッと挟まれました。

ウソでしょう？　どうしよう!?

このままじゃいけないと思いながらも声が出せず、気がつくと全身がカアッと熱くなっていました。反応しているつもりはないのに肌には汗が滲みはじめていて、息も荒くなりかけていました。

私がやっと声を出したのは、隆義さんの片手がパジャマのズボンの中に入ってこようとしたときでした。

「だ、だめ……お義兄《にい》さんやめて……」

夫がどこでどうしているのかわかりませんでしたが、とにかく知られるわけにはいきません。私は小声で訴えました。ところが、隆義さんの手は強引にズボンの中へ入ってくると、伸ばした指先をパンティの股布にジワッと押しつけ、アソコを何度もなぞり上げてきたのです。

私は両手でその手を引き剝がそうとしました。でも、そうしている間も乳房と乳首をもてあそばれ、首筋に舌を這わされていました。

「あいつは酔いつぶれてリビングで寝てる。朝まで起きないから大丈夫だよ……」

低いささやきといっしょに、熱い吐息が耳にすべり込んできました。

思わず甲高い喘ぎが洩れそうになり、「い、いやだ……」と、声を嚙み殺して言ったのと同時に、あおむけへ返されて唇を奪われました。そのまま舌を差し込まれると、急に頭の中がしびれたようになってしまい、ズボンをグイグイおろされていくのを止められませんでした。

「濡れちゃってるよ、美奈《みな》ちゃん……」

パンティの中へ手を入れてきた隆義さんに言われ、クチュッと湿った音が自分のアソコから小さく響くのを聞いたとき、私は自分があらがえなくなってしまっているのを知りました。夫と何年もセックスレスで乾ききっていた体が、もうごまかしようもないくらいに悦んでしまっていたのです。

小玉電球に照らされた薄暗がりの中、露《あらわ》にされた乳房の先に唇を吸いつけられ、膣の中を指でいやらしくかき回されました。

体重をかけないようにしながら、私の上半身にキスの雨を降らせてくる隆義さんは、太いのに器用な指先でGスポットをたくみに突いて、私を追い詰めてきました。夢見心地の中で昇り詰めていく私はときおり、こらえきれずに大きな声を洩らしてしまいました。

義隆さんがそんな私の口を片手でふさぐと、膣の中から指を抜いてパンティを引きおろしてきました。私はそれを手伝うように、腰を浮かせて膝を曲げたり伸ばしたりしました。隣のリビングでは夫が寝ている……それをわかっていても、さらなる快感を求めてしまっていました。

私の下半身を裸にした義隆さんは、両手でグッと太ももを開かせながら、そのつけ根に顔を埋《うず》めてきました。

「ああっ……んんっ！」

口をふさいでいた手がなくなり、私はあわてて自分の手首を嚙みました。隆義さんの熱い舌が性器の割れ目をすくうようにして、何度もなぞり上げてきます。そのテクニックのせいなのか、それとも欲求不満のせいなのか……怖いほど感じていました。

私は白い布団に爪先を立てて腰を持ち上げ、また下ろし、下腹を波打つように引き攣らせました。

顔を上げた隆義さんが、自分自身のも下半身裸になり、私の脚の間に腰を落ち着けてきたとき、私はもう何度も絶頂したあとでした。

そこへ、熱いアレが一気に奥まで入ってきたのです。

もう何も考えられませんでした。声を溢れさせてしまう唇をキスでふさがれ、乳房を分厚い胸板で押し潰されながら、立てつづけに襲いくるエクスタシーの波に延々ともまれていたのです。やがて勢いよく果てた隆義さんの精液をお腹に浴びた私は、ティッシュでていねいに拭いてもらっている間も、ただ荒い息を繰り返していることしかできませんでした。

「美奈ちゃん、すごくよかったよ……また来るからね」

悪びれた様子もなく服を着直した隆義さんは笑顔でそう言うと、小さく手を振って帰っていきました。寝室のドアが閉まる寸前、リビングで眠っているらしい夫のいびきがかすかに聞こえて、私は思い出したように罪悪感を噛み締めました。

この夜以降、隆義さんは夫のいない日中にも訪ねてくるようになり、私はそのつど、関係を迫られました。もちろん葛藤《かっとう》がなかったわけではなく、だったら家に入れなければいいのですが、玄関で押し問答しているところを近所の人に見られたくありませんでした。そして一度家に入れてしまうと、私にはもうあらがいようがないのです。

隆義さんが初めて日中に訪ねてきたのは、あの夜から三日後のことでした。

「やあ、主夫と主婦同士、楽しくやろうよ……」

玄関のドアを開けたとたんにそう言いながら押し入られ、私は「待ってください……夫を裏切るつもりなんてありませんから」とあわてて身をかわしました。すると隆義さんは「無理すんなって、美奈ちゃん。あんなに感じてたじゃん」と、大きな体を機敏に動かして私を壁際へ追い込んだのです。

逃げる間もなく両手首をつかまれて胸を合わせてこられ、私は背中を壁に預けたまま強引に唇を奪われました。

「んうっ！」

舌を強く吸われている間、下腹に硬くなったアレを押しつけられ、グリグリと動かしてこられました。隆義さんは私が全身の力を抜くまで、延々とそれを続けました。

「昼間はけっこう暇してんだろ？　ゆっくりヤろうぜ」

壁に押しつけられたままスカートをめくられて、パンティに手を入れられました。そのときになって、私は自分のそこが、恥ずかしいほど濡れていることに気がつきました。

たちまち膝に力が入らなくなり、崩れ落ちそうになってしまうのを隆義さんに片腕で支えられながら、膣を刺激されました。

「ああっ、いやっ……も、もう……」

三日前に目覚めさせられた体は、たちまち熱くなりました。息も絶えだえになった私は、隆義さんの肩に手を置いて膝を震わせ、そのうちにおねだりするように腰を動かしていました。

「美奈ちゃん……何をして欲しいのか、言ってごらん」

じっと顔を覗き込みながらそう言われ、私は唇を震わせました。

隆義さんの楽しそうな目には、罪悪感がつゆほどもうかがえませんでした。まるで、こうするのがあたりまえというように話し、動いてくるのです。

私は何度も首を横に振りました。それでも隆義さんは私の顔を見つめたまま「ほら、きちんと言わなきゃ」と指を動かしつづけてきました。

「あぁぁっ……」

絶頂の寸前に「く、くだ……さい」と、私は声を絞り出しました。

支えていた腕の力が不意に解かれて、私はズルズルと壁伝いにお尻を落としました。すると、隆義さんが私の目の前でズボンのベルトをはずして、パンツごとズボンを脱いで、アレを露出させました。

私は一瞬、ためらいました。でもすぐに体が動きだしていました。逞しくそり返ったそれに両手を添えると、前屈みになって先端を口に含んだのです。

「あぁ、じょうずだよ、美奈ちゃん！　そう、もっと舌を絡めて……」

隆義さんが私の頭を両手で包んで言いました。私が言われたとおりにすると、「根元までいけるかな？」と、腰を前に突き出して、喉の奥まで先端を押し込んできました。

「ぐむぅっ……げぅっ！」

私は嗚咽《おえつ》して目尻から涙をこぼしました。隆義さんはそれでもやめてくれず、今度は私の頭を前後に揺すりだしました。背後の壁に頭が当たってゴンゴンと音を立てました。痛くて苦しいのに、私はそれでも舌を動かしつづけていました。

ベッドでもリビングでもなく、そこは玄関を入ったばかりの廊下でした。パッチワーク柄の玄関マットの隅が少しほつれているのが、涙にかすんで見えました。

義理の兄からレイプまがいのことをされているのに、私は明らかに興奮していました。若いころだったら、耐えられなかったかもしれません。でも、長くセックスから離れている間に女盛《ざか》りを迎えたこの体は、強く求められ、奪われ、もてあそばれることを、本望のように受け入れてしまっていました。

「次は美奈ちゃんも、気持ちよくしてあげないとね……」

隆義さんが腰を引いて口の中からアレを抜き、脇に片腕を差し込んできて、軽々と私を立たせました。私は半ば宙に浮いた格好でリビングまで運ばれると、新婚時代に夫と家具屋へ行って買った革張りのソファへ、あおむけに寝かされました。

隆義さんが、笑顔で私を見おろしながら悠然と服を脱いで全裸になりました。五十代とは思えない隆々とした筋肉に包まれた体が、白いカーテン越しの光の中でテラテラと照り光っていました。

「美奈ちゃんも裸にしてあげようね。この間は暗くてよく見えなかったけど、スケベなボディしてるのは、初めて会ったときからわかってたよ……」

隆義さんからそういう目で見られていたことを、私はずっと感じつづけていたような気がしました。でも、そんなはずはないと意識しないようにしていたのです。

こうして私は、あの夜に続いて、再び隆義さんに犯されました。このときは体位をいくつも変えながら、一時間以上もかけて責め抜かれ、すべてが終わったときには、もう日が傾きかけていました。

「もう飲みにはこないようにするからさ、あいつにも優しくしてやってくれよ」

どういうつもりでそんなことを言っているのか、私には隆義さんの考えていることがまるでわかりませんでした。ただ、一人になって情事の痕跡を慎重に消して回りながら、きっと今後も隆義さんの言いなりになるしかないんだろうということだけは、なぜかはっきりわかっていました。


隆義さんに抱かれるたびに、私の体はどんどん敏感になっていくようでした。抵抗してみせることもいつしか忘れ、彼の訪問をジリジリしながら待ち焦がれていることすらありました。

夫はまるで気がついていませんでした。隆義さんが飲みにこなくなったことについては少し心配していましたが、私が「何か打ち込めることでも見つけたんじゃないの?」と言うと、すぐに納得して「そうだな、いつまでもくすぶってる兄貴じゃないもんな」と、また隆義さんの若いころの話をしてきました。とはいえ、そうして夫婦の時間ができたからといって、夜の営みが戻ってくるわけではありませんでした。

「家じゃなくて外で会いたい……」

密会について、そう提案をしたのは私からでした。初めのうちは週に一、二度というペースで来訪があったのですが、そのころになると近所の目も気になってきていて、隆義さんがうちに来るのは週に一度、木曜日だけになっていました。そこで相談をした結果、夕飯の買い物へ行くついでに、お互い自分の車で出かけてショッピングセンターで待ち合わせをして、どちらかの車でホテルに行って、情事のあとに、食品の買い出しをして帰るようにしようと決めたのです。

いまにして思うと、隆義さんはリストラされて主夫になったことで、男としての自信が揺らいでいたのだと思います。若いころから優秀さを評価されてきた人だけに、プライドを傷つけられていたのではないでしょうか。それは私に対する支配的な振舞い方から、感じ取ることができました。

家で会っていたころはまだ遠慮もうかがえたのですが、ホテルでは隆義さんの秘めていたそういう部分が、どんどん剝き出しになっていきました。ただ、いつからなのか、私はその支配的な態度をむしろ心地よく感じていました。

「美奈ちゃん、俺の前でオナニーして見せてよ。普段やってるとおりにさ」

そう言われて素直に応じ、どうしても我慢できないときにだけしていた自慰を、実際にして見せたこともあります。もちろん恥ずかしさもありましたし、屈辱感も覚えました。

それでも、こういうハレンチなことをあたりまえに命じてくる隆義さんの前では、本来ならできないはずのことが、なぜだかできてしまうのです。

窓のカーテンを開け放ち、周囲のビルから見られかねない状態で、立ったまま犯されたこともありました。

「美奈ちゃんのスケベな姿、みんなに見てもらおうよ。おとなしそうな顔してホントはセックスが大好きな、本当の君をさ……」

背後から激しく腰を打ちつけられ、窓に両手をついて喘いでいたとき、私は顔を火のように熱くしながら、クラクラするような高揚感を覚えていました。

「こうやって、デカいチ○ポでグチャグチャに犯されるのが好きなんだろ?」と聞かれ、「ああっ、好きっ……気持ちイイッ!」と、髪を振り乱して叫んでいました。

夫も含め、過去に交際した男性で私をこんなふうにさせた人はいませんでしたし、自分にこんな一面があるとも思っていませんでした。でも、彼の前では自分でも知らなかった「本当の私」が、次から次へと顔を出してくるのです。

隆義さんとは正反対に育った夫と同じく、私も若いころからパッとしない日々を送ってきました。高校生のころは帰宅部で、かといってアルバイトをするでもなく、仲のいい女友だちと好きな漫画の話ばかりしていました。

初めて彼氏ができたのは大学生のときで、相手は合唱部の先輩だったのですが、あとになって新入部員に手を出してばかりいるどうしようもない男だと知って、すぐに別れました。初体験はすませたものの、得られた快感はほとんどなく、それからの数年は当時流行っていたレディコミに夢中になる、いわゆるムッツリスケベでした。

大学を出てからは、大企業の名前にだけ惹かれて携帯電話の販売員として働き、接客をする関係から化粧の仕方やボディラインなどに初めて気をつかうようになりました。スポーツの経験はなかった私ですが、スタイルだけは褒められることが多く、二十代の半ばにはセックスの快感もわかるようになりました。

とはいえ、基本的な性格があまり活発ではなく、本質的につまらない女でした。将来の希望もできるだけ安定した暮らしというものしか思い描けず、そういう生活を保障してくれるような相手と結婚できればいいと、ただ漠然と考えているばかりでした。

そんな折、役所で働いている友人から、いまの夫を紹介されたのです。

私にとって、その友人と同じ役所で働く夫は、ある意味で理想的な人でした。引っ込み思案な性格でおもしろみには欠ける人でしたが、何より収入が安定していて、よけいな刺激を欲しがらない私には、ちょうどいいタイプだと感じました。交際が始まり、彼の口から隆義さんの話を聞くにつけ、私の結婚相手に相応《ふさわ》しいのはそんな活動的な人ではなく、草食動物みたいなこの人なんだと強く思って疑いませんでした。

それなのに私はいま、まるで中毒になったように、新たな刺激に溺れつづけているのです。

「今日は、こんなの持ってきたんだ」

十日ほど前、ラブホテルの部屋で隆義さんがバッグから取り出したのは、リードのついた黒い革製の首輪でした。なんだそんなものかと思われるかもしれませんが、漫画やアダルトビデオなどで見ているのと体験するのとでは、まったく違うものです。

実際にそれを首に巻かれた私は、身も心も震えました。革の首輪の冷たさや重さ、リードを持って引かれたときの心もとなさは、それまで自分が生きてきた場所から遠く隔てられた場所へ、連れ去られたような感覚をもたらしました。

「美奈ちゃんはこういうの好きなんじゃないかと思ってさ。ほら、こっちに来て、犬みたいに舐めてよ」

口ぶりこそ和やかなものの、隆義さんのこういう言葉は、私にとっては提案でも頼み事でもない、一つの決定事項でした。

私たちはシャワーを浴びたあとで、お互いに全裸でした。私はベッドの上であおむけになった隆義さんの横に膝をつけ前屈みになって、まず足の指から舐めはじめました。

「ふふふ……わかってるねぇ。雰囲気出てるじゃん」

犬のように、娼婦のように扱われながら、私は若いころに読んでいたレディコミの登場人物になった気分になっていました。夫が寝ている隣の部屋で義理の兄に夜這いされ、その後何度も家へ押しかけられて昼間から情事にふけり、いまはこうして首輪をつけられて、足の指を舐めているのです。

リードをグッと引かれると、今度は隆義さんの脚のつけ根に鼻と口を押し当てました。睾丸を舐め、アレの裏側に舌を這わせ、先端を口に含んで咽喉の奥まで呑み込んだあと、頭を上下させて丹念に摩擦しました。

隆義さんがリードをピンと張ったまま片手をおろし、私の乳房をいじってきました。乳首を痛いほどつままれながら、私は甘えた声を鼻から洩らし、濡れたアソコを隆義さんの脛にこすりつけました。

淫らな自分を丸ごとさらけ出せるという点で、私は隆義さんのことを愛していました。この人がいなければ私は一生、こういう自分を胸の中で飼い殺していくしかなかったのです。

「くぅん……くぅん……」と、私はまた鼻を鳴らしました。

「どうしたいのか、言ってみな」

隆義さんが再びリードを引いて、私の頭を自分の胸元まで引っ張り上げました。私は隆義さんの乳首をペロペロと舐め、「いっぱい犯してください……隆義さんのでっかいチ〇ポで、犬みたいに犯してください」と上目づかいで言いました。

「へえ、美奈はそんなこと望んでたんだ？」

「美奈は淫らな女です……夫がいるのに、隆義さんのチ〇ポがないと淋しくて生きていけない、欲張りでスケベな女です……」

「こんなおとなしい顔して、ド淫乱なんだ？」

「はい……早く美奈のオマ○コ、犯してください……欲求不満の、おばさんマ○コ……滅茶苦茶にかき回してください……」

どういう言葉を使えば隆義さんが喜ぶのかを知っていた私は、ほかの人の前では絶対口にできないようなことを、息を乱しながら言っていました。そして言えば言うほどに、激しい高揚感を覚えていました。

「ふふふ、美奈はおばさんなんかじゃないよ……かわいい仔犬だよ。じゃあほら、四つん這いになりな！」

頭を撫でながらそう言われ、私は隆義さんにお尻を向ける格好で四つん這いになりました。濡れたアソコを突き出すようにして顔をシーツに埋めると、隆義さんがミチミチと音を立てながら押し入ってきました。

「あはぁっ！」

シーツをつかみ背筋をそらせながら、私は快感をこらえました。

突かれるたびに首輪の金具がカチャカチャと鳴り、そこに自分の喘ぎ声が重なりました。お尻の肉をわしづかみにされて左右に開かれ、奥の奥にまで突き刺さってくる隆義さんのアレに、子宮口を押されました。

「ああっ、イイッ！　気持ちイイッ！　もっと……もっと突いてください！」

髪を振り乱して叫ぶ私のお尻を隆義さんが平手で打ち叩きました。叩かれたところが熱を持ち、それが波紋のように広がって、子宮をトロトロに煮え立たせました。

「ほらっ、ほらっ、ほらっ、ほらっ！」

隆義さんが腰を突き出しながら、何度も何度もお尻を叩いてきました。私は太ももを痙攣させて歯を食い縛り、失神に近いような陶酔《とうすい》の中で、めくるめくエクスタシーに呑み込まれていったのです。


先日、祐希さんの発案で隆義さん夫婦の家に夫と呼ばれて、ご飯をご馳走になりました。何食わぬ顔で会話をしながら、実を言うと私は、不思議な優越感に浸っていました。以前はバリバリ働いている祐希さんに引け目を感じていたのですが、女としての幸せをより深く味わっているのは、むしろ私のほうなんじゃないかって……。

きっと子どもがいたら、いろいろなことが違っていたのでしょうし、劣等感からくるゆがんだ感情だということもわかっているつもりです。でも、まだしばらくは、この不倫生活に溺れていたい……それがいまの私の正直な気持ちです。

憧れつづけていた四十路の美人従姉と互いの家族を裏切るダブル不倫に溺れ

加賀谷慎一　会社員　四十歳

昨年の秋のこと、私は生まれて初めての浮気を経験しました。

しかも相手は四つ年上の従姉で、ダブル不倫です。

きっかけは、東京の自宅から車で二時間ばかり離れた伯父の家での七年ぶりの再会でした。伯父の家は本家にあたり、ひと月ほど前に祖母の七回忌の法事が行われたばかりです。そのときは親戚の半分ほどが集まったようですが、酒宴が苦手な私は、仕事を口実にして、欠席させてもらったのでした。

それで、あえて日にちをずらした平日に本家を訪れて、亡祖母に線香を上げさせてもらいました。

私は会社員といっても、妻の実家である小さな雑貨問屋に雇われ、支店を一つ任されている立場でしたから、事実上は自営業といってもよいでしょう。ですから、比較的自由になる時間があったのです。

ともかく、仏間で本家の者たちと通り一遍の挨拶を交わし、さっさと帰ろうかと思ったそのときでした、玄関のほうで伯母がこの地方独特の訛《なま》りで誰かを出迎える声が聞こえました。

「あれ、美也子《みやこ》ちゃんじゃない。よく来てくれたねえ」

「ご無沙汰しています。あれ？　誰かお客さんだった？」

美也子という名前と、彼女の声に私はまた座り直しました。

いとこの中でも特に仲のよかった美也子姉ちゃんとは、この場所での祖母の葬儀以来ですから、七年ぶりの再会ということになります。

仏間に入ってきた美也子姉ちゃんは、私の顔を見るなり、子どもだったころと同じ、右頬にえくぼを作りました。

「なんだ、慎一《しんいち》も来てたんだ」

「うん、美也子姉ちゃんは、一人？」

会社員の旦那さんは仕事、子どもは学校があるから義母に任せてあると言って、美也子姉ちゃんは、仏壇に向かって正座しました。

手を合わせる四つ年上の従姉の後ろ姿を眺めた私は、そういえば七年前は男の子を抱いて、穏やかそうな外見の旦那さんといっしょだったことを思い出しました。こちらも妻がいっしょでしたから、そのときは互いに遠慮して、あまり会話を交わさなかったのです。

やがて仏壇に線香を上げて拝み終わった彼女に伯母も交えて、お茶を飲みながらの雑談は盛り上がりました。

それぞれの近況に始まり、家族についてやこの場にいない親戚の話をしたのですが、その会話の中から美也子姉ちゃんが苦手な伯母がいるので、あえて七回忌には来なかったことを知りました。

そんな流れの中で、いまは広い田舎屋に伯父と二人暮らしの伯母が、さびしそうに言ったのです。

「美也子ちゃんも慎一も、何か特別なことがなくても、子どものときみたいに気軽に遊びにきてくれればいいのに……うちの子なんか正月くらいしか帰ってこないし」

そのひと言で、不意に子どものころの思い出がよみがえりました。

確かに小学生のころは毎年、夏休みや冬休みになると、この広い本家に泊まりがけで遊びにきていたものです。私だけでなく、いまは忙しそうにしている本家の従兄や美也子姉ちゃんといっしょに、自然が豊富な周囲を一日中駆け回り冒険をしたものでした。

さまざまな記憶にひたりながら、私はあらためて従姉に視線を向けました。

その表情が、ショートカットに日焼けしたせいでボーイッシュな印象だった昔と重なりました。一人っ子の自分にとっては実の姉のようなもので、彼女もそのようにふるまい、ずいぶんとかわいがってくれました。私が彼女を姉ちゃんと呼び、逆に名前を呼び捨てにされるのも、その名残《なご》りです。

四十四歳になる美也子姉ちゃんは、目や口元に子どものころの面影を残していました。そのせいもあって、まだ三十代と言っても通用するだろう若々しさを保っています。それでも、子どもを産んだということもあるのでしょうか、スレンダーながらも微妙に丸みを帯びた体つきや、薄手のニット越しの意外に大きな胸が、成熟した女を感じさせせました。スカートから伸びた黒ストッキングの脚も、目をひきます。

子どものときには気がつかなかったのですが、実際は色白だった彼女の肌と、ごく薄く染めた肩までの髪も、大人の女を意識させせました。

「ねえ、慎一は車で来たんでしょ?」

「え、そうだけど……」

いきなり声をかけられ、ドキッとした私はあわてて視線をはずしました。

美也子姉ちゃんは、車で来たのなら近い駅まで送っていってほしい、今日は夫といっしょじゃないから、電車で来たのだと言いました。

東京から車で二時間も離れると、地方都市でもない限り、想像以上に田舎びているものです。まさしく本家のある土地は、その典型でした。最寄りのローカル駅から離れた畑の真ん中にあり、電車で来る人はタクシーを使うか、バス停からかなりの距離を歩くしかありません。

私は従姉の頼みを受け入れました。それどころか、彼女も東京住まいで自分の帰路の途中だということもあり、家まで送っていくと、こちらから申し出たのです。

「ありがとうね」

子どものときによくそうしたように、美也子姉ちゃんは私の肩を軽くたたいて笑顔を見せました。

早めの昼食を出してもらったあと、私と美也子姉ちゃんは、車で本家をあとにしました。

家には義母がいるから娘は大丈夫だし、特に急いで帰る用事もないから安全運転で、と彼女から言われるまでもなく、私はあえて遠回りの道を選び、ドライブ気分でのんびりと車を走らせました。

一つには美也子姉ちゃんのおかげでよみがえった、子どものころのなつかしい風景を見て回りたかったことがあります。そしてもう一つ、この時点では従姉ということもあり、あまり考えないようにはしていたのですが、彼女とできるだけ長い時間いっしょにいたいという気持ちがありました。

美也子姉ちゃんを女として意識していることに、妙な昂《たかぶ》りとかすかな罪悪感を抱きながら、車はやがて県境の川の橋を渡りはじめました。

「ねえ慎一、覚えてる？　夏休みにみんなでこの川まで自転車で来て、帰ってから、伯父さんから危ないから子どもだけでもう行くなって、すごく怒られたじゃん」

最初はそのつもりはなかったのですが、あまりに暑くて下着姿になって泳いだことを私は思い出しました。いちばん年下の私は、素っ裸だったはずです。

それを話題にしようとしたとき、美也子姉ちゃんは前方を見つめて言いました。

「急に道が混んできてない？　さっきから車が全然動かないけど……」

彼女の言葉どおり、さっきまで順調だった車の流れが、ちょうど橋の中央あたりにさしかかったところで、ピクリとも動かなくなったのです。

気がつくと、百メートルほど先までだけでなく、後ろにも車の列が数珠つなぎになっていました。Uターンして別の道に迂回《うかい》しようにも、センターラインにはポールが並んで立っていて、それもできません。

そのまま十分ほど待っていたのですが、しびれを切らして車外に出たところ、先に様子を見てきたほかの運転手から、橋の先で大型トラックが脱輪して立ち往生していて、クレーン車を呼んだらしいと教えられました。

車に戻ってそのことを告げると、美也子姉ちゃんは眉をひそめ、どのくらい時間がかかるのか、気にしはじめました。

「まあ、あせっても仕方ないよ……」

特に急ぐ用事はないと言っていたし、これはこれで二人きりで過ごせるよい機会だと思いました。ところが、美也子姉ちゃんはそれから急に黙り込み、話しかけても生返事しか戻ってこなくなってきたのです。

そして、もじもじしながら私に言いました。

「橋を過ぎたら言おうと思ってたんだけど、トイレ行きたいのよ……」

カーナビやスマホで調べると橋の周囲は畑ばかりで、いちばん近いコンビニやガソリンスタンドまで、かなり距離があります。これでは、車を降りて歩いていくこともできません。

「どうしよう……意識したらますます行きたくなっちゃって。このままだと、洩らしちゃうよ……」

美也子姉ちゃんの声が切羽詰まったものになったころに、やっと車が動きはじめました。

それでも、しばらくはトイレを借りられそうなところはないはずで、まだ安心はできません。

そのとき、私の中で一つの考えがひらめいたのです。

橋を渡りきると私は、すぐに車を左折し川沿いの土手の上の道を進みました。

その瞬間、けげんな表情をこちらに向けた美也子姉ちゃんでしたが、すぐに私の意図を察したようです。

五分も車を走らせると、子どものころの記憶どおり、河原に降りる道がすぐに見つかりました。幸い、周囲にほかの車も人影もありません。

「慎一、ちょっと見張っててね」

車を停めるやいなや、美也子姉ちゃんは短く告げると、枯れはじめた葦《あし》の間に駆け込みました。

私は少し離れた場所に立ち、周囲を気にする風を装《よそお》いながら、背の高い葦の間に見え隠れする美也子姉ちゃんをチラチラと盗み見します。ときどき透けて見える、スカートをめくり上げしゃがみ込んだ白いお尻が、私に忘れかけていた記憶と不思議な欲情を呼び起こしました。

やがて立ち上がり、葦をかき分けて姿を現した美也子姉ちゃんは、さすがに照れくさそうです。

「こればかりは、生理現象だから……」

再び車を国道に戻した私は、ムラムラした気持ちを抱えて言いました。

「子どものころも、こういうことあったよね。さっき、この川まで来て伯父さんに怒られたって言ってたけど、あのときも美也子姉ちゃんが、我慢できないって言って」

「変なこと覚えているわね……」

バックミラーの中の屈託のない笑顔が、あのころの美也子姉ちゃんと重なりました。

その瞬間、私の気持ちのブレーキがはずれたのです。

私は従姉の左手首をつかんで、告げました。

「俺も、生理現象が抑えられなくなっちゃったよ」

すぐに意味を理解した美也子姉ちゃんは、表情をこわばらせます。

「私たち、従姉弟同士だよ。それに、二人とも結婚して子どももいるのに……」

「ごめん。いやだったら、もう言わない。降りたかったら、近くの駅まで送るよ」

美也子姉ちゃんは少しの間黙り込むと、ふっと苦笑を浮かべたのでした。

「生理現象ね。それに送ってくれたお礼もあるから、断れないわねぇ……」


バイパス沿いの派手なラブホテルの部屋に入ると、美也子姉ちゃんはバスタブに湯を溜めはじめました。

その間、いっしょにお風呂に入ったり、抱き合って寝たりといった、美也子姉ちゃんと本家で過ごした子どものころの記憶が、次々と浮かびました。

そんなことを考えながら、私はベッドに並んで腰かけていた美也子姉ちゃんを、そっと横目でうかがいます。

彼女は黙って考え込んでいたようですが、思いきったらしく立ち上がり、スカートに手をかけると私に振り向きました。

「ほら、慎一もいらっしゃい」

うなずいた私も立ち上がり、あわてて服を脱ぎはじめます。

右頬にえくぼを作った従姉は、私の手をつかむとバスルームへと引いていきました。

「まさか、大人になっても、いっしょにお風呂に入るとは思わなかった……」

当然、バスルームでは二人とも生まれたままの素っ裸です。

体を洗いながら私はまるで隠そうとしない美也子姉ちゃんの体に、ついつい目を奪われてしまいました。さすがに少し垂れはじめたふくよかな胸と、狭い範囲に密生した茂みの黒さが、いかにもエロチックな印象でした。

一方の美也子姉ちゃんも、硬く立ち上がっていた私の股間のものを見て、含み笑いを浮かべました。

「子どものときとは大違いだわ。あのころは皮をかぶってたのに、こんな大きくて立派に成長するなんて、何か不思議な感じ……」

そう言うと美也子姉ちゃんは膝をつき、その場に仁王立ちになった私のものを軽く握って、顔を近づけてまじまじと見つめました。

その指先と吐息の感触に、私のものが意志とは関係なく、ピクリピクリと上下したのです。

「キスしちゃおうかな。じっとしててね」

明らかに上気した声で、従姉が言いました。

すぐに私の硬くなったものの先端に、柔らかな唇がふれました。また、私のものがピクリと動きました。

「おもしろいわね」

いったん、唇を離した美也子姉ちゃんは、上目づかいになると私のものを握り直し、今度は根元から裏側をゆっくりと舐め上げます。温かくぬめる舌の感触に、私は思わずうめき声を洩らしてしまいました。

「うっ……」

美也子姉ちゃんは、あるいはじらすつもりだったのかもしれませんが、これまでどんな女性からもされたことがないくらい、ていねいに舌を使いました。

私の先端部分の張り出した縁を舌先でなぞったかと思うと、頬張って舌全体をからめ、それを交互に繰り返します。

私の性器本体だけではありません、袋に舌の愛撫を加えられたのも初めての体験でした。

そのたびに快感が背筋を走り、私の膝はブルブルと震えました。

「まだ我慢できるなんて、慎一は偉いね。たいていは、これでイッちゃうんだけど」

まるで子どものときと同じお姉さんぶった口調で、美也子姉ちゃんは言いました。

実際のところ、私は限界が近づいていたのですが、歯を食いしばってなんとか耐えていたのです。ここで暴発してしまったら、従姉にまた子ども扱いされそうな気がしていました。

私はひと息入れる意味もあって、美也子姉ちゃんを立たせるとキスをしました。

「今度は、俺の番だよ」

耳元でささやいた私は、彼女をバスタブの縁に座らせ、両側に手をつかせます。

そのままひざまずいた私は、美也子姉ちゃんの白い内腿を両手で広げました。

「やだぁ、恥ずかしい」

口ではそう言ったものの、次に起こることを期待していたのでしょう。従姉はむしろ自分から足をひろげたのです。

私の視界に、美也子姉ちゃんのあの部分の光景が飛び込みました。

白い肌と対照的に鮮やかな黒い茂みの中央で、少し赤みがかったあの部分が口を開けています。さらに顔を近づけ観察すると、あの部分は濡れて光り、ときどき呼吸をするように動いていました。

その光景を目にしただけで、カッと頭に血の昇った私は、夢中で舌先を突き出しました。

「あん！」

短く声を出した美也子姉ちゃんが、背中をのけぞらせるのがわかりました。

感じてくれているのを知って気をよくした私は、さらに舌を使いながら、指を差し入れます。

また短く声を出した従姉は、体をこわばらせました。同時に、あの部分がキュッと指先を締め上げます。

「ね、ね、ベッド行こう……このままだと、のけぞりすぎて後ろから湯船に落ちちゃいそう」

美也子姉ちゃんは荒い息の中、そう訴えました。

もちろん、欲望が高まりきった私も異存はありません。

バスタオルで手早く体をふいた二人は、抱き合ったまま飛び込むように、ベッドに倒れ込みました。

その間も、私のものは硬度を保ったままでした。結婚して以来、初めて妻以外の女性と関係を持つのです。それも、子どものころにいっしょに過ごした、従姉の美也子姉ちゃんが相手なのですから、いままで味わったことのない興奮に包まれていました。

まるで経験の浅かったころのように、強く抱き締めのしかかった私に、えくぼを作った従姉は苦笑を交えてささやきました。

「あわてなくても大丈夫よ……時間はあるから、ゆっくりね」

そして下になったまま、何度か私の背中をさすったあと、スルリと腕の中から抜け出しました。

半身を起こした私と美也子姉ちゃんは、自然と膝立ちの姿勢で見つめ合う格好になりました。再び抱き合った私たちは、唇を合わせて舌を絡め合います。そんなゾクゾクするキスを続けながら、今度は美也子姉ちゃんが体を預け、私を柔らかく押し倒しました。

「慎一のこれ、ほんとうに大きいね。それに、すごく硬い……」

いったん、唇を離しささやいた美也子姉ちゃんの右手は、私のものを握り、軽く上下にしごきます。そしてまた、舌をからめるキスをしながら私の上で体を移動させて、腰の上に跨《またが》ったのでした。

すぐに私のものが、ぬるりと美也子姉ちゃんに入っていくのを感じました。

「ああっ!」

「うっ……」

二人で同時に声をあげました。

美也子姉ちゃんの中は、温かく、柔らかく、私のものを包み込みます。

すぐに本能的な動きで下から突き上げようとしましたが、従姉は私の胸に手を置いて、優しく言いました。

「もう少し、このままじっとしてて」

「え？　うん」

「従姉弟同士なのに、しちゃったね……」

美也子姉ちゃんのしみじみとした口調で、私の胸の中にさまざまな記憶や感情がわき上がり、快感と混ざり合います。それで私のものも、いちだんと硬さを増したのがわかりました。

おそらく、従姉も同じような感覚だったのでしょう。しばらくそのままでいるうちに、内部がうねるように動きはじめ、私のものを絞り上げたのです。

やがて、美也子姉ちゃんは大きく背中をのけぞらせると、反動をつけるようにして私の胸に突っ伏し、荒い息づかいでブルブルと体全体をふるわせました。

いままでにない快感で、同時に達した私は彼女の中に精液を注ぎ込みました。

髪を振り乱した美也子姉ちゃんは、しばらく私の胸に頬を押しあてて、それからこう言いました。

「動いてないのにイっちゃった……こんなの初めて」

私にとっても、こんなことは初めての経験です。美也子姉ちゃんとのセックスの相性のよさに、私は呆然《ぼうぜん》となってしまいした。

一度発射したとはいえ、私のものはまったく衰える様子はありませんでした。むしろ、もっと美也子姉ちゃんを求める気持ちが強まっています。いったん、二人の粘液でヌルヌルになったものを彼女から抜くと、テッシュでぬぐい、今度は私が上になって再び挿入します。

あらためて、愛撫をする必要はありません。私を受け入れた美也子姉ちゃんは、すぐに締めつけてきました。

「あーっ、またすぐイッちゃいそう！」

従姉の快感を訴える叫びの中、私はやっと動きはじめました。

私のものが美也子姉ちゃんの中を動く、湿った肉の音が響きます。

「もう、ダメになっちゃう！」

すぐに腰を浮かせて背中をそらした美也子姉ちゃんは、私の腕の中で再び小刻みに震えはじめました。

耐えた私は、彼女の震えが収まるのを待ってから、またいっそう激しく動きます。

「ああ、ダメ、ほんとうに、もうダメ！」

頭を左右に振った従姉は、私の背中に回した腕に力を込めて引き寄せ、足を腰にからめます。これまで以上の内部の締めつけも、私のものを離すまいと強まりました。

私も、もう限界でした。まるで二人の体が一つに溶け合った感覚の中で、私は二度目の絶頂を迎え、同時に腕の中で彼女の痙攣を感じたのです。

すべてが終わったあと、従姉弟同士の関係だとあらためて思い直したのですが、それがかえって引き返せないような気分にさせました。

それ以上に、お互いの体の相性のよさが、離れがたく感じさせるのです。

美也子姉ちゃんも同じ気持ちのようで、いまでも月に一、二度、秘密の関係を重ねている私たちです。

亡き夫と瓜二つのペニスを持つ息子に貫かれヨガリ狂う五十路熟女の苦悩

鈴村枝美子　パート勤務　五十八歳

もう還暦の近い私ですが、最近になって一人息子と関係を持つようになってしまいました。

息子にはお嫁さんがいて、結婚してそろそろ五年、子どもも産まれました。私にとっても唯一の孫ですし、とてもおめでたいことなのですが、子育てをめぐって、息子とお嫁さんの関係が悪くなってしまったようなのです。

お嫁さんも働きながらの育児はたいへんなのでしょうが、料理も離乳食ばかりで、息子の食事はレトルトやスーパーの総菜ばかりと聞くと、やはり母親としては、ほったらかされる息子をかわいそうに思ってしまいます。

息子も、保育園の送り迎えや風呂など、育児に協力をしていないわけではありませんが、やはり子育ては女の仕事ですから、お嫁さんが中心にならざるをえず、息子は疎外感さえ感じているようです。

不憫《ふびん》に思った私は、息子に実家に寄るように言いました。せめてレトルトや総菜じゃない夕食を食べさせたかったのです。そして、仕事帰りに実家に寄ってから、駅二つ離れた自宅に帰るというのが息子の日課になりました。

お嫁さんとの関係が、よほどぎくしゃくしているらしい息子は自宅に帰りたがらず、食後も独身時代のままになっている自室でだらだらしていることが多く、学生のころにコレクションしていたDVDなどを無為にながめているようでした。

そんなある日、いつものように自室にこもる息子にコーヒーを持っていくと、なんとオナニーをしている最中でした。不用意にドアを開けてしまったのは、私の失敗でした。

ばたばたと取りつくろう息子に、私は素知らぬ様子でコーヒーを置いて立ち去りました。しかし、ちらりと見えた息子のペニスに、胸の高まりを感じずにはいられませんでした。

おそらく息子とお嫁さんは、ずっとセックスレスなのでしょう。行き場のない勃起を持て余す息子はほんとうに不憫でした。私もまた十年前に夫を亡くして以来、淋しい独り身でしたから、そういう欲求を抱えていたことは否定できません。

だから、私のほうから、息子の自慰を手伝うことを申し出たのでした。

実は息子が思春期のころにも、同じことを言ったことがありました。そのときは断られましたが、あれは単に恥ずかしがっていたのだと思います。案の定、大人になった息子は断りませんでした。

それどころか、私の欲求不満を見透かして、じゃあいっしょに慰《なぐさ》め合おうよ、と言ってきたほどです。

その日は夕食もそこそこに、お風呂に入りました。いっしょに入るのは、息子が小学生のころ以来でした。

何十年振りかで見る息子の体は、あたりまえですが、立派な大人の男性のものでした。私のお腹から出てきた赤ん坊がこんなにすばらしい肉体に成長するなんて、生命の神秘を思わずにはいられません。

さらに驚いたのは、そのペニスです。いきり立ったおち○ちんは、びっくりするくらい死んだ夫のものにそっくりでした。もちろん父子なのですから、似るのは当然なのかもしれません。それにしても、こんなところまで律義に遺伝するなんて。

私は泡立てた石鹼で裏筋から玉袋までていねいに洗いながら、思わずうっとりしてしまいました。

「お口でしてあげようか？」

私は石鹼の泡を洗面器にくんだお湯で流すと、返事を待たずに亀頭の先端にちゅっと唇をつけました。

ぴくんと、息子の全身が反応します。その様子がとてもかわいくて、思わず大口を開けて亀頭全体を口に含んでいました。

「ああ、母さん、すごいよ！　すごく気持ちいいよ……」

息子のため息交じりの声を頭上に聞きながら、私は夢中になってペニスを舐めしゃぶりました。

口の中で亀頭に舌を絡ませて傘の部分を刺激し、手指で茎をしごきながら、もう一方の手で玉袋を優しくもみほぐします。

尿道から塩気のある液がにじみ出て、それがとてもおいしく感じられて、体の奥がジンジンとしびれるようでした。私のアソコからも、愛液がにじみ出してくるのが感じられました。

「母さん、今度は俺が舐めるよ。俺にも舐めさせてよ……」

息子がそう言って、私をバスタブに腰かけさせて、両脚を大きく開かせました。それは、とても恥ずかしい格好でした。

「あ、そんな、恥ずかしいよ……」

でも羞恥心がかえって性感を高め、まだふれられてもいないのに、私はどうしようもなく感じていました。

息子はしゃがみ込んで、そんな私の股間に顔を近づけます。大事なところを、息がかかるほどの間近で見られていました。実際に呼気があたり、陰毛をなびかせました。

「あ、あ、あ……」

微妙な刺激に合わせて、ぴくんぴくんと細かい震えが走り、首筋に鳥肌が立ちました。息がかかるだけでこんなに感じてしまって、直接ふれられたらどうなってしまうんだろうと、不安になってきたころあいを見計らったように、息子がアソコに唇をつけました。

「あああんん！」

とたんに凄まじい快感が全身を貫いて、私は大きく喘ぎ声をあげて、背筋をのけぞらせました。

ここぞとばかりに息子の唇が女陰全体に吸いつき、舌先が陰唇をなぞり、膣口をまさぐります。

「ああ、ああ！」

さらに舐め進める息子の舌先が、とうとう私の超敏感なクリトリスを探り当てました。そのまま舐め上げられ、ピンポイントで吸いつかれてはたまりません。

「ああ、だめ、そこ、だめ！　感じすぎちゃう。感じすぎちゃうから！」

私は身をよじり、全身を痙攣させて身悶《みもだ》えました。必死で両脚を閉じましたが、むだに息子の側頭部を挟み込むばかりで、股間への刺激は弱まりません。

クリトリスへの口唇愛撫はそのままに、息子が指先で膣口をまさぐりはじめました。指を挿し入れるつもりなのがわかり、私は震え上がりました。

膣内に異物を迎え入れるのは、もう何年振りでしょう。その中は、どんなに感じてしまうことか。期待と恐れが、半々といったところでしょうか。

そして、指が挿入されました。愛液をなじませた指が、一気に奥まで入ってきます。

「ひぃいぁあああ！」

私の叫び声が浴室に反響しました。住宅地ですから、ご近所に聞こえてしまわないように、気をつけなくてはなりませんでした。

そんなことも忘れて、はからずも出てしまった大声でした。そのことが私の羞恥心を刺激し、恥ずかしい気持ちが、いっそうまた性感を高めるのでした。

「母さん、感じやすいんだね……」

「そんな言い方しないで……恥ずかしいよ……」

「だって、こんなに濡れて、そんなに大きな声を出して……いまも俺の指の動きに合わせて、いやらしく腰を振ってる」

息子の満足気な言い方が憎らしくさえありましたが、いとしい息子のやることだと思えば腹は立ちません。こういうやり取りや、女を乱れさせる喜びこそ、息子が飢えていたものなのでしょう。

お嫁さんとの関係さえ良好なら、いくらでもお嫁さん相手にできたはずのことが、不仲が原因でその機会が奪われてしまっている。そう思うと、あらためて息子がかわいそうになりました。私にできることなら、なんでもさせてあげよう。そう思いました。

私たちは浴室を出て寝室に移動し、あらためて抱き合いました。

夫が死んで以来、私以外に足を踏み入れる者のなかった部屋に息子がいるのは、なんとなく不思議でもあり違和感もありましたが、それでもやはり、抱き合える相手がいるということは素敵なことでした。

私たちはシックスナインの体勢で、お互いの性器を愛撫し合いました。いつまでもそうしていたい気持ちと、先に進んでほしいという思いとのせめぎ合いがありました。

でも、やがて息子は体勢を変えて、ベッドに身を起こしました。

「母さん、そろそろ入れようか？」

いよいよ、そのときが来ました。

「うん……」

私は、そっとうなずきました。なんでもない素振りをしてはいましたが、期待と不安で心臓はありえないくらいに高鳴っていました。

指だけでもあれほど乱れてしまったのですから、ペニスの挿入にどんな反応をしてしまうのか、考えるだけでも全身に震えが走ります。

まるで、初体験のようでした。私はベッドに横たわり、息子に見おろされながら、処女のように震えていたのです。

そんな私の内心を見透かしたように、息子は優しく私におおいかぶさって、キスしてくれました。

ついさっきまでお互いの性器を舐めていた口と口でキスをするのは、普通のキスよりずっと深いものでした。体の奥を激しくしびれさせるようでした。

私は夢中で息子の唇に吸いつき、舌を絡め合ってお互いの唾液を飲み合いました。

さらに息子の唇の柔らかさが、私をうっとりさせました。なぜか、息子がほんとうに幼かったころ、離乳食を食べさせていたときの光景が脳裏をよぎりました。

「あぁぁああ……」

抱きすくめられて全身が密着し、体中の神経が性感を伝えました。まさに、全身が性感帯になった状態でした。幸福感と快感が、同時に全身を包みました。

息子の体が、私の両脚の間に割り込んできました。私は両腿で、息子の腰を抱え込む格好になります。いよいよ、挿入の体勢でした。

立派に成長し勃起した、亡き夫にそっくりのペニスが、私の女陰に向けられます。その亀頭先端が押しつけられ、密着する粘膜がお互いの体液で、ヌルヌルとなじみました。

息子が腰に体重を乗せました。硬い亀頭が陰唇をかき分け、膣口を押し広げます。

「あ、あ、あぁぁあ……」

ペニスが、圧倒的な質感をもって侵入してきました。私の陰部は周囲に大きく広げられ、出産時の衝撃もかくやというほどの衝撃が、下腹部全体を襲いました。

「ひぃいいいい！　うぅぅあああああ！　あんんんん！」

私は弓なりにのけぞらせた全身を痙攣させて、衝撃を受け止めました。

何十年も未踏の地であった粘膜を蹂躙して、息子のペニスは膣内の最奥部まで、一気に挿入されました。

そしてゆっくりと、快感の波が押し寄せました。

「ああ、すごい……気持ちいい！」

セックスがこんなにも気持ちがいいことだったなんて、知りませんでした。いえ、忘れていただけかもしれませんが、とにかく、それは常識を根っこからひっくり返すくらいの快楽でした。ずっとこのままでいてほしいと思いました。

ちょうどそのタイミングで、息子の腰が引かれました。

「あん……」

亀頭の傘の部分が、膣内の内壁をこすります。その感触が、また違った快感を生み出しました。

「あ、ああ、それも気持ちいい！」

傘で内壁をこすり立てられるのはすばらしい感覚でしたが、このままペニスが後退すれば、やがては引き抜かれてしまいそうで、そのことに気づいて私はあわてました。

「いや、抜かないで！　意地悪しないで！」

私は、とっさに懇願しました。このままペニスを抜き去られてしまえば、どうすればいいかわかりません。

これまで何十年もなくて平気だったのにおかしな話ですが、一度、膣内がペニスに満たされる充実感を味わってしまえば、もうあと戻りはできません。膣内の空虚には、一秒だって耐えられないような気がしたのです。

私は両脚を息子の尻に回して、抱え込んだ腰を両の内腿で締め上げて、引き抜かせまいとしました。

「ねえ、お願い……抜かないで！」

思わず涙目になった私を真下に見おろして、息子が優しく微笑みました。

「大丈夫だよ、母さん……抜かないよ」

どうやら抜き去られそうだと思ったのは、杞憂《きゆう》だったようです。

膣口ぎりぎりまで外に出たペニスでしたが、そこで再び息子が腰に体重をかけ、また奥へと向かって進みはじめたのでした。

「ああ、うれしい……」

快感が下腹部に広がり、今度はうれしさに涙ぐみました。

そんなふうに、再びピストンが始まりました。亀頭先端が子宮口に当たるくらいの奥に突っ込まれたかと思うと、膣口ぎりぎりまで抜き去られそうになり、また奥へ奥へと挿し込まれるのでした。

「ああ、すごい！　すごく気持ちいい！」

ピストンが繰り返されるたびに快感が増し、私の下半身は意志を持ったかのようにうねりました。それは、接合の角度を調節するためでした。亀頭先端が、もっと深くに突き刺さるように。傘が少しでも、敏感な箇所をこするように。どの角度で迎え入れれば気持ちがいいか、頭で考えるまでもなく、肉体がよく知っているようでした。そして、どこまでも貪欲に、よりいっそうの快感を求めているのでした。

「あなたも、気持ちいい?」

ふと、自分だけが一人でヨガっているんじゃないかと不安になり、私は息子の顔を下からのぞき込んで言いました。

「もちろんだよ……もちろんすごく気持ちいいよ、母さん!」

「ああ、よかった……気持ちよくなってね! いっぱい楽しんでね!」

私は安心して腰を振り、夢中で快楽をむさぼることを自分に許しました。

「ああ、もっと……もっとして! もっとよ!」

私のうわ言のような哀願にこたえて、息子は勢いをつけて、力強いピストンを繰り出しました。

「ああ、お母さんね、あなたを産んで、育てて、ほんとうによかった。こんなに立派になってくれて、とってもうれしい。淋しい思いをしてるなんて、ほんとうにかわいそう。お母さんの体でよかったら、いつでも、いくらでも、好きにしていいからね」

そんなようなことを繰り返し口走りながら、私はどんどん高まっていき、そのまま絶頂へと昇りつめたのでした。

「ああ、イク、イク……お母さん、イクからね、イッちゃうからね。あなたもイッてね。そのまま出して、中に出していいからね。中でいいんだからね……」

年齢を重ねて何かいいことがあるかと言えば、閉経していますから、妊娠を気にせずにセックスを楽しめる、ということかもしれません。

息子は心置きなく、私の中で果てました。ぱんぱんに張りつめた亀頭が破裂して、大量の熱い精液が膣内に溢れるのが体感できました。

淋しい独り身を慰め合うといった域を越えた、すばらしい体験でした。それは母親だけの一人よがりではなく、息子にとってもそうであったと思っています。

それ以来、会社帰りの息子が夕食のために実家に寄るのは日課のまま、週に一度は母子でセックスにふけるようになりました。

特に週イチを申し合わせているわけではないのですが、毎日よりもそれくらいの節度があったほうが、行為がよりいっそう濃くなるという気がしています。

会社でいやなことがあったり、お嫁さんとの口論があったときなどは、息子は食事もそこそこに抱き合いたがります。

先日は、あと片づけに台所に立つ私を、背後から抱きすくめてきました。

「ちょっと、待って、お皿だけ洗わせて……」

そう言って洗い物を片づける私のスカートに、息子は手を差し入れてきました。

「あ、ちょっと……」

もちろん、そういうこともあるかもしれないと、下着は多少かわいげのあるものを着けていましたが、しゃがみ込んでスカートの中を覗き込まれると、やはりあわててしまいます。

息子の手指が内腿を這い上り、股間を狙います。

「あ、だめだから……」

私の制止など軽やかに無視して、息子は指先を股布をくぐらせて女陰に直接ふれました。

「もうこんなに濡れてるじゃない……母さんもさわってほしかったんでしょ？」

息子はそんなことを言って、私の羞恥心を煽ります。

「そんな恥ずかしいこと言わないでぇ……」

羞恥が私の性感を高めることを、息子はちゃんと知っているのです。ともすれば、快感に気を取られてしまって手元が留守になる私をたしなめたりもします。

「ほら、母さん、洗い物片づけちゃうんでしょ？　包丁だってあるんだから、ちゃんと気をつけないと」

そんなことを言いながら、わざといちばん敏感なクリトリスを、刺激したりするのです。

「ああん！　だったら、やめてよぉう……」

私はびくびくと全身を痙攣させてしまい、もう洗い物どころではありません。シンクに両手をついて、突き出した尻を切なく振るしかできませんでした。

息子はスカートから手を引き抜いて、立ち上がりました。もうおしまいなの？　と、ホッとするようながっかりするような、微妙な気分の私でしたが、そうではありませんでした。

息子はチャックをおろすと、勃起したおちん○んを取り出し、私のスカートを大きくまくり上げてパンツを引きずりおろしました。

「ええ……ここで、入れちゃうの？」

「だめなの？」

「だめじゃないけど……」

口ごもる私を尻目に、息子は私の尻を抱えて、亀頭を女陰に押しつけました。もう嫌も応もありません。私は両脚を肩幅に開いて、息子のペニスを迎え入れました。臀部に叩きつけられる下腹部の衝撃は、シンクに体重を預け、爪先立ちになって受け止めるしかありませんでした。

結局その日は、そのまま立ちバックで激しく突かれて、私はあえなくイカされてしまったのでした。

また先日などは、せっかく作った食事にほとんど箸をつけないまま、ベッドに誘う息子をたしなめる私に言いました。

「じゃあ、ちゃんと食べるから、その間、母さんが俺のを口でしてよ……」

そう頼まれては、いやとも言えません。私は食卓の下にもぐり込んで、息子の腰を抱え込むようにして、フェラチオでご奉仕しました。

まだ入浴前でもあり、一日分の汚れで亀頭は臭気を放っていました。そんな匂いも息子のものであればいとしく感じます。「かわいいと思うのは母親だけ」という言い回しがありますが、これも親バカの一種でしょうか。

とにかく私は、匂い立つ亀頭を一所懸命舐めしゃぶりました。亀頭の臭気と私自身の唾液の匂いが交じり合って、さらに匂いは強まりました。

尿道口からにじみ出る塩気のある体液は相変わらずおいしくて、私の欲望に火をつけずにはいられません。

肉体の芯がしびれて、私のアソコはどうしようもなくうるおってしまいます。一方的にフェラチオしているだけなのに、喘ぎ声が洩れるのを我慢できないのです。

「あふぅ、あふぅん……」

這いつくばりながら、自分のスカートに手を差し入れて股間を慰めたりもします。いつから私は、こんなに淫乱になってしまったのかと自分でも驚くほどです。夫との新婚時代でも、ここまではしたなくはなかったと思います。

やはりそこは、息子が望む言動を心がけ、息子の好みに合わせてふるまう癖がついてしまっているのでしょうか。

「母さん、もう気分出しちゃってるんでしょ?」

「ああ、言わないで。恥ずかしいんだから……」

そんな受け答えのあとで、息子は私に跨《またが》るように指示します。もう食事のことなんてどうでもよくなり、私はパンツを脱ぎ捨て、食卓の椅子に座る息子の膝の上に跨ったのです。

「ああ、すごい……気持ちいい！」

ほかの体位では味わえない挿入角度に、膣内の敏感な箇所を激しくこすられて、私は我を忘れて高まります。幼いころは私の膝の上がお気に入りだった息子ですが、いまは私が息子の膝に跨ってヨガリ狂い、尻を振り立てているのです。

母として息子を甘やかしすぎなのかもしれませんが、女の肉体の芯が疼いて、息子の頼みを断れないのです。そもそも母親は、息子の肉奴隷であるのかもしれません。

お嫁さんには申しわけないと思わないわけではありませんが、それでもこれが八方丸く収まる、いちばんの解決法だと思っているのです。

万引き現場を目撃した心優しい兄嫁の豊満な熟乳と艶尻を思う存分堪能！

浅間昌治　会社員　四十一歳

私は独身で、四十一歳になるいまも実家で暮らしている、いわゆる子ども部屋おじさんです。兄の秋雄《あきお》はもう十年ほど前に結婚して、やはり実家で暮らしています。

兄の奥さんの尚美《なおみ》さんは四十六歳になるのですが、子どもがいないせいか若々しくて、とても上品な美人です。私が家を出たくないのは、尚美さんと離れたくないというのも、大きな理由の一つです。

ある日、休日に近所をぶらぶら散歩していて、マンガ雑誌の立ち読みでもしようかと思ってコンビニに入ると、尚美さんがいました。いつものように体にフィットしたセーターを着ているために巨乳が目立ち、すごく色っぽいんです。

私はそんな尚美さんを見て悪戯《いたずら》心を起こし、後ろから「わっ」と脅かしてやろうと思ったんです。

それで商品棚の陰に隠れてタイミングをうかがっていると、尚美さんは化粧品を手に持って周りをキョロキョロと見回したかと思うと、それを手提げカバンの中に放り込み、何食わぬ顔で出口に向かったのでした。

私はあまりのことに、声をかけるタイミングを逃してしまい、呆然《ぼうぜん》と尚美さんの後ろ姿を見つめるだけでした。きっとその視線を感じたのでしょう、コンビニを出たところで尚美さんが振り返り、私と目が合ったんです。

私が驚いた以上に尚美さんも驚いたようで、目を大きく見開き、次の瞬間くるりと背中を向けて走り去ってしまいました。

その日は尚美さんと顔を合わせるのが気まずくて、私はパチンコ屋で閉店までねばり、深夜に帰宅して自分の部屋に直行しました。

そして、しばらくしたら、遠慮がちにドアをノックする音がしたんです。もう零時を過ぎていました。こんな時間に部屋を訪ねてくるのは尚美さんしか考えられません。私がドアを開けると、そこには尚美さんが思い詰めた表情で立っていました。

「こんな時間にごめんなさい……話があるの。部屋に入れてちょうだい」

「いいですよ、どうぞ」

私は尚美さんを部屋の中に招き入れました。尚美さんは、いったんは寝床に入っていたのでしょう、ピンク色のパジャマ姿なんです。化粧っ気はなくても、肌は見るからにしっとりとしていて、より清楚な魅力が際立っています。

それに、あとは寝るだけだったからか、ノーブラなのが胸の揺れ方でわかりました。よく見ると、乳首がツンととがっているのまで丸わかりです。

思わず私は顔をそむけて言いました。

「話って、なんですか？」

「昼間のコンビニでのことよ……見たんでしょ？」

私はチラッと壁を見ました。兄がいるはずの部屋のほうの壁です。

両親の部屋は一階でしたが、兄夫婦の部屋は二階、しかも私の部屋の隣です。間には薄い壁があるだけなんです。

「彼はもう寝たの。もう朝まで目を覚まさないわ……」

兄は昔から眠りが深いタイプで、一度眠ると雷が鳴っても地震がきても絶対に目を覚まさないんです。とりあえず、兄のことは気にする必要はなさそうです。

「見たけど……どうしてあんなことを？」

「クレプトマニアって病気、知ってる？　窃盗症とも言われるんだけど、私どうやらその病気らしくて、気がついたら万引きしちゃってるの。どうしてもやめられなくて……いま、こっそり病院に通ってるんだけど、秋雄さんにだけは、このことを知られたくないの……」

兄は少し冷たいところがあり、他人の苦悩には無頓着なほうでした。だから、尚美さんが兄に知られたくないというのも理解できます。

病気だと言われたら、それ以上、万引きのことを責めることはできません。それに私は、もともと尚美さんを責めるつもりなどなかったんです。きっと事情があるんだろうと思っていたのです。

だから、そう言ってあげようと思いましたが、すんでのところでその言葉を呑み込みました。ノーブラのパジャマ姿の尚美さんが、セクシーすぎたのが原因です。

私は以前から、尚美さんに好意を抱いていました。兄をうらやみ、嫉妬《しっと》までしていたぐらいです。たまに隣の部屋から尚美さんの悩ましい声が聞こえてくることがあり、壁に耳を押しつけて盗み聞きしながらオナニーをしたのも、一度や二度ではありませんでした。

「兄貴には、黙っててあげてもいいけど……」

私は含みを持たせるようにそう言って、尚美さんの足元から胸元まで、舐めるように視線を移動させました。その視線の愛撫を感じたのでしょう、尚美さんはピクンと体をふるわせ、自分を抱き締めるように腕を回しました。

「もちろん、お礼はするわ。今度、お酒を飲みにいきましょう。おいしい料理を出してくれるお店を知っているの……」

私の気持ちに気づいているはずなのに、わざとそんな見当違いのことを言うんです。

ここで仏心を出したら一生後悔すると思った私は、思いきって自分の思いをはっきりと言葉にしました。

「ぼく、前から尚美さんのことが好きだったんです。尚美さんを抱きたいんです」

「だ、ダメよ、そんなの……私はあなたの義姉《あね》なのよ」

「もちろん、尚美さんと兄貴との生活を壊すつもりはありません。だから、一度だけでいいんです。お願いです」

私はもう恥も外聞もなく、両手を合わせて頼みました。だけど、尚美さんは困惑の表情で首を横に振るだけなんです。

「ダメ。それだけは、絶対にダメ……」

私は大きく息を吐きました。それで諦めたと思ったのでしょう、尚美さんもほっと息を吐くんです。だけど、すぐに今度は息を呑むことになりました。

「じゃあ……クレプトマニアのことを兄貴に言うよ。堅物の兄貴のことだ、それを聞いたら、どう思うかな？」

尚美さんの顔色が変わりました。

「やめて……それだけは。お願い……」

「いいですよ。兄貴には秘密にしておいてあげますよ。だけど、尚美さんの願い事を聞いてあげる代わりに、ぼくの願い事も聞いてくださいよ」

そう言ってじっと見つめると、尚美さんはポツリと言いました。

「わかったわ……一回だけよ」

そして、蛍光灯の紐に手を伸ばそうとするんです。

「ちょっと待ってください」

「え……どうしたの？」

「そうじゃなくて、どうして暗くしてしまうんですか？　一回きりなんですから、尚美さんの裸をよく見せてくださいよ。さあ、早く脱いでください。グズグズしてると、兄貴が目を覚ましちゃうかもしれないですよ」

そう言うと、私はベッドに腰かけました。そして、催促するように尚美さんをじっと見つめました。肉体関係を持つことは了承したものの、明るい場所で裸になるのは抵抗があるのでしょう。目の前にいるのが毎日顔を合わせている夫の弟なら、なおさらです。だけどそのぶん、こちらは興奮してしまうんです。

しばらく考え込むように目を伏せていた尚美さんですが、これ以上拒《こば》んで、私の機嫌を損ねたらまずいと思ったのでしょう。不安な表情で、パジャマのボタンをはずしはじめました。

思ったとおり、パジャマの下にはなにも付けていませんでした。ボタンをすべてはずすと、胸のふくらみが丸見えになるんです。

「乳首を……乳首を見せてください」

このまま黙っていても、尚美さんがパジャマを脱げば乳首も見えるはずでしたが、あえて私は言葉にして要求しました。そうすることで、尚美さんの羞恥心を刺激しようと思ったんです。案の定、尚美さんの白い肌が、一気に桜色にほてりました。

「……やっぱり、暗くしちゃダメ？」

「ダメです。今度、ぼくに口答えしたら、もうそれで交渉決裂ですから、いいですね。さあ、パジャマを脱いで、乳首を見せてください」

自分でもこんな性癖があったとは気づきませんでしたが、Sっぽく尚美さんに迫ると、猛烈に興奮してしまうのでした。

一つ小さく息を吐くと、尚美さんはパジャマの上着を脱ぎました。すると、いつもは服の上から見て想像していた美巨乳が剝き出しになり、ぷるぷる揺れているんです。

そして、白い肌から想像していたとおりの、きれいなピンク色の乳首も丸見えです。

それだけでも興奮はかなりのものでしたが、私はさらに尚美さんに変態的な要求をしてしまいました。

「なかなかきれいな乳首じゃないですか。でも、勃起してないのがさびしいですね。指でつまんでグリグリして、勃起させてみてくださいよ」

「あぁぁぁん、そんな……」

悲しげに私を見つめますが、それ以上はなにも言いません。今度何かを言ったら交渉決裂になり、自分がクレプトマニアだということを、夫に知られてしまうわけですから。

「こんな感じでいい？　はあぁぁん……」

上半身裸になった尚美さんは、両手で自分の乳首をつまみ、指の腹で押しつぶすようにグリグリと刺激しはじめました。無理やりやらされている卑猥な行為でも、四十路の女体は正直で、快感をおぼえてしまうようです。乳首が勃起するのは当然のこと、尚美さんは半開きにした口から切なげな声を洩らしていました。

「いいですね、すごくエッチですよ。そのまま乳首を引っぱってから、離してみてください」

「こう？　あっはんん……」

限界まで乳首を引っぱってから指を離すと、尚美さんの巨乳がまさにボヨヨ〜ンという感じの揺れ方をするんです。

毎日顔を合わせていた美しい兄嫁の卑猥すぎる行為に、私は猛烈に興奮してしまいました。もう尚美さんの乳首はビンビンなのですが、それと同じように、私のペニスもズボンの中でビンビンになっていました。

「ぼくも、脱いじゃいますね」

私はその場に立ち上がり、ズボンとブリーフをいっしょに脱ぎ捨てました。

「はあぁぁ……」

私の股間にそそり立つペニスを見て、尚美さんはため息のような声を洩らしました。

その反応がうれしくて、私は下腹に力をこめて、ペニスをビクンビクンと動かしてみせました。

「す、すごい……」

尚美さんは食い入るようにして、ペニスを見つめています。いまの尚美さんは私の言うがままなんですから、ただ見せつけてよろこんでいる場合ではありません。

「見てないで、ぼくを気持ちよくしてくださいよ」

私はさらにペニスを、ビクンビクンと動かしてみせました。

「はあぁ……なんていやらしい動きなのかしら……あああ……」

尚美さんに私の命令を断るという選択肢はありません。私の前に膝立ちになった尚美さんは、ペニスに手を伸ばしてきました。そして、おっかなびっくりという感じでつかむんです。その冷たくてしっとりとした手の感触が気持ちよくて、今度はひとりでにペニスがビクンと動いてしまいました。

「はあぁぁん……先っぽから何かが出てるわ」

「我慢汁ですよ。尚美さんがエロすぎるから……さあ、舐めていいですよ」

尚美さんはペニスの先端を自分のほうに引き倒すと、舌を長く伸ばして、先端ににじみ出ていた液体をぺろりと舐めました。

「はうっ……」

強烈な快感に襲われ、私は思わず声を洩らしてしまいましたが、あわてて口をつぐみました。隣の部屋には兄が眠っているのです。いくら眠りが深いタイプだといっても、あまり大きな声を出したら目を覚ましてしまうかもしれません。

そんな私の気持ちを知ってか知らずか、尚美さんはペロペロと先端を舐め回すと、今度はパクッと亀頭を口に含んでしまいました。そして、口の中の温かい粘膜でヌルヌルと締めつけるんです。

「うう、尚美さん……すごく気持ちいいです」

「はうぐぐ……んっぐぐぐ……」

尚美さんは上目づかいに私を見上げながら、首を前後に動かしはじめました。すると、私は気持ちよすぎて、みっともなく身悶《みもだ》えしてしまうのでした。なんといっても、私の前にひざまずいてペニスをしゃぶっているのは、あこがれの兄嫁なのですから、その精神的なよろこびに、肉体的な快感は何倍にもなってしまいます。

「うう……す、すごいですよ、尚美さん！　ううう……気持ちいいです……」

私の反応に気をよくしたように、尚美さんはさらにしゃぶる勢いを激しくしていきました。しかも、ただ力いっぱいしゃぶるのではなく、カリクビのところを強く刺激するようにしゃぶるんです。さすがに人妻だけのことはあります。すぐに射精の予感が込み上げてきてしまいました。

私ももう四十一歳です。一晩に何度も射精するのはきつい年齢です。ひょっとしたら、とりあえずフェラチオで射精させて、それで満足した私が冷静になり、兄の奥さんにセックスを迫るのを思いとどまらせようとしているのかもしれません。

相手が尚美さんなら三回はイケそうですが、それでもどうせなら、いちばんハメたい状態で尚美さんのオマ○コを味わってみたいと思った私は、彼女の口からペニスを引き抜きました。

「あっ、はあぁぁん……」

唾液をまき散らしながら勢いよく頭を上げたペニスを、尚美さんは切なげな眼差しで見つめました。

「どうして、やめさせるの？」

「いや、ぼくばっかり気持ちよくなったら悪いから、今度は尚美さんを気持ちよくしてあげようと思ってさ……さあ、パジャマの下も脱いで、全部見せてくださいよ」

「そうね……仕方ないわね」

尚美さんは諦めたように頭を振ると、パジャマのズボンとパンティを脱いで、ベッドの上であおむけになりました。

「そんなふうに股を閉じて『気をつけ』の格好をされてたら舐められないですよ。自分で両膝を抱えるようにして、全部剝き出しにしてもらえませんか？」

「そ、それは……」

全身を真っ赤にほてらせながらも、尚美さんは私の願いを断ることはできません。

結局、両膝を抱えてみせてくれました。

「ああ、尚美さん……」

私は四つん這いになって、尚美さんの股間に顔を近づけました。ずっと好意を抱いていた兄嫁のオマ◯コが、これでもかと目の前に突き出されているのです。これ以上、興奮する状況はありません。

「ああぁん、いや……そんなに近くから見ないでぇ……」

尚美さんは恥ずかしそうに言うのですが、そんな言葉は無視して、私は息がかかりそうなほど近くから、じっくりと兄嫁のオマ◯コを観察しました。

尚美さんのオマ◯コはびらびらが若干大きめで、すごくエロいんです。

しかも、フェラチオをしながら興奮していたのか、クリトリスが勃起して包皮を押しのけるようにして、そのピンク色の姿をさらしています。おまけにポッカリ開いた膣口には透明な愛液が溢れ出て、いまにもこぼれ落ちそうになっていました。

「マン汁がどんどん溢れてきてますよ。さっきぼくの我慢汁を舐めてもらったお返しに、ぼくも尚美さんのマン汁を舐めて、きれいにしてあげますね」

私は返事も待たずに、尚美さんの陰部に口づけをしました。そして、膣口から直接愛液をズズッと、すすってあげたんです。

「あっ、はああああん！　だ、ダメ……あああああん、それ、変な感じよ……」

尚美さんの声の大きさが気になりましたが、それが自分のクンニで気持ちよくなってくれているからだと思うと、もう隣の部屋で寝ている兄のことなど、どうでもよくなっていました。

もっと気持ちよくしてあげたい。もっといやらしく喘がせたい。そんな思いから、私は割れ目の間をベロベロと舐め回し、さらにはクリトリスを舌先で転がすように舐め回してあげました。

「あああっ……だ、ダメぇ……気持ちよすぎちゃう！」

苦しげに言いながらも、尚美さんは律儀に両膝を抱えつづけています。そして、私の舌の動きに合わせてヒクヒクと腰を動かし、大量の愛液を溢れさせるんです。

その量は半端ではなく、シーツにしみができるほどでした。

「すっごい濡れ方ですね……」

いったんクンニを中断して、そんなふうに冷やかすと、尚美さんは鼻にかかった声で甘えるように言いました。

「あああん、やめないでぇ、もっと舐めてぇ……」

きっと、絶頂の瞬間が目前なのでしょう。そんな言葉でクンニを催促するんです。

最初は、クレプトマニアのことを兄に黙っててもらうために、仕方なく私の願いを聞き入れたものの、熟れた体にもう火がついてしまったようでした。

「じゃあ、もっと舐めてあげますよ……遠慮なく、気持ちよくなってくださいね」

私は再びクンニを再開しました。割れ目の中をまんべんなく舐め回し、膣の中に舌をねじ込んで膣壁を舐め、クリトリスを吸い、舌先で転がすように舐め回して、さらには、前歯で軽く嚙んであげたんです。

「ああっ、ダメ、はあああっ……もう、もうイキそうよ、あああっ！」

尚美さんは苦しげにうめきながら体をのたうたせましたが、私は尚美さんの太ももに腕を回してしっかりとつかまえたまま、さらに激しくクンニを続けました。

すると、いきなり尚美さんの体がビクンと大きく跳ねました。そして、ピクピクと細かく痙攣を続けるのです。

「もしかして、イッたんですか？」

愛液にまみれた口元を手の甲でぬぐいながら、私は尚美さんの顔を見おろしました。

「はあぁ……イッちゃった。はあぁ……恥ずかしい……」

そう言って顔をそむける羞じらいの表情が、また私の劣情を激しく刺激するんです。

もうペニスは破裂寸前といったぐらい、力をみなぎらせていました。

「今度はぼくのチ○ポで、イカせてあげますよ」

そう言うと、尚美さんは気怠《けだる》げに首を起こして、私の股間に視線を向けました。

「はぁぁぁん……すごいわ。それでいっぱい気持ちよくしてぇ……」

「尚美さん！」

私は尚美さんにおおい被さるようにして、ペニスの先端をとろけきった膣口に押しつけました。すると、まるでその瞬間を待ちわびていたように、尚美さんのオマ○コは、私のペニスを呑み込んでいったんです。

「ううう……温かくて気持ちいいです！」

「ああ～ん！　すっごく奥まで入ってくるぅ……」

尚美さんはほんとうに気持ちよさそうに、うっとりと目を閉じるんです。

「いまから、もっと気持ちよくしてあげますね」

私は根元まで挿入したペニスをゆっくりと引き抜いていき、そしてまた根元まで挿入していき、また引き抜き……という動きを徐々に激しくしていきました。

「あぁあんっ……それ、気持ちいいわ！　あああん！」

二人のつながり合った部分がグチュグチュと鳴り、尚美さんの吐息が徐々に苦しげに変わっていきます。突き上げる動きに合わせて、乳房がゆさゆさ揺れるのがいやらしくて、私はそれに食らいつきました。

そして左右の乳房を交互に舐めながら、激しくペニスを抜き差ししつづけたのです。ベッドがギシギシ鳴り、二人の体がぶつかり合う拍手のような音が、パンパンと深夜の部屋の中に響きました。そしてすぐに、私の体に限界が訪れました。

「ああ、もうダメだ……も、もう出るぅ……ううう!」

「あああん、私もまたイク! あっ、はああん!」

ギュ－ッときつく膣壁が収縮し、私のペニスをヌルンと押し出しました。その拍子に私は限界を超えてしまい、ペニスの先端から精液が勢いよく噴き出し、尚美さんのヘソから胸元にかけて、大量に飛び散ったのでした。

それからどうなったかというと、いまでもときどき、尚美さんは夜中に私の部屋を訪ねてきます。隣の部屋では、兄が寝ているのです。

いくら眠りの深い兄だといっても、いつか気づかれるのではないか。そんな不安を抱えながらも、私は自分の欲求を抑えきれずに、尚美さんを抱いてしまうのです。

〈第二章〉愛する人を裏切った許されざる淫罪

同居する若い娘婿に顔面騎乗をして禁断の快楽に酔いしれる五十路義母！

杉谷美保子　専業主婦　五十歳

つい先日、五十歳になったばかりの専業主婦です。八つ年上の夫はサラリーマンで、もう連れ添って二十五年にもなります。

子宝にも恵まれました。夫との間の一人娘の美樹《みき》はもう結婚して、私たち親夫婦と二世帯同居しています。娘は夫と同じく会社勤めですが、娘の夫の恒彦《つねひこ》さんは、ちょっと変わった仕事をしています。

イラストを描くお仕事をしているのです。作品が人目にふれることもあり、あまり詳しく書くとバレてしまいそうなので、詳しくは書きません。

なので、彼は日中に在宅で仕事をしています。もちろん、私が仕事場に立ち入るようなことはありません。娘夫婦との同居は便利な部分もありますが、目のやり場に困るような場面もなくはありません。

というのも、娘たちは夫婦仲がとてもいいんです。

出勤前の娘が、恒彦さんに玄関口でキスをおねだりしているのを目撃したこともあります。私が見ていないと思ったみたいです。ほかにも、ソファで体を寄せ合って座っていたり、なんだか見せつけられている気がしてしまうほどなんです。

それに引き換え私たち親夫婦のほうは、もう夜の交渉はほとんどありません。

夫はもう還暦も近いですし、精力が減退するのも仕方ないとは思います。

でも私のほうはこの年齢になって、恥ずかしながら以前にもまして、性欲が強くなっているんです。「体の中にオチ〇チンを感じたい」という気持ちが強いんです。

夫に、その気になってもらうために、あの手この手を考えました。先日も、私はかなり大胆な下着を購入しました。夫に欲情してもらうためです。

これはちょっと……恥ずかしいかしら……?

買った自分でもそう思うほどエッチな下着でした。赤と黒の、透けすけのレースがいっぱいついた煽情的なデザインです。

しかし効果はゼロでした。夫は「仕事で疲れているから」の一点張りで、向こうを向いて寝てしまったんです。

私は口惜しいやら情けないやらで、まんじりともせず、寝つけませんでした。

思い浮かぶのは、仲のいい娘夫婦のことでした。

美樹と恒彦さんは、今夜も自分たちの部屋でセックスしているのかしら……？

娘夫婦のあらぬ姿を、私は妄想してしまいました。

恒彦さんは、イラストを描くような仕事をしているのに、意外に筋肉質な体をしています。その昔は、テニスをしていたと聞いたこともありました。

その引き締まった体に自分の娘が抱かれている場面を、妄想してしまうんです。

恒彦さんって、どんな責め方をしてくるんだろう……？

彼の、ふだんは絵筆を持っている繊細な指先が、娘の股間に忍び込むところを想像すると、それに合わせて私は、自分の指を下着の中に入れてしまいました。

「んっ……」

思わず小さな声を出してしまい、私は夫を振り返りました。夫は寝ています。

義理の息子を妄想して、こんなことしちゃうなんて……恥ずかしいと思いつつも、妄想と指の動きは止まりません。私はその晩、声を殺して寝ている夫の隣りでオナニーして、最後までいってしまったんです。

事件は、その翌日に起こりました。

夫も美樹も仕事に出かけ、いつも日中は家の中に恒彦さんと私の二人きりです。

でも顔をつきあわすことはほとんどありません。彼は仕事部屋にこもりっきりだからです。私も、お仕事の邪魔をしないように気をつけています。

午前中にお買い物をすませて、次はお洗濯、そう思って家に帰ってきたら、浴室の横にある洗濯場に人の気配を感じました。いえ、気配だけでなく、明らかに吐息の音が聞こえてきたんです。それも、とても激しい……。

なんだろう……？　とっさに思ったのは、空き巣が忍び込んだのかということでした。恒彦さんは仕事中、とても集中しているので、侵入者に気づかないということはありえます。

私は不審に思って、思わず忍び足で覗いてみました。

そこにいたのは仕事中のはずの恒彦さんでした。私のあの煽情的なパンティを自分の顔に押しつけ、荒い息を立てて股間をまさぐっていたんです。

「な、何をしてるの！」

私は思わず、そう叫んでしまいました。

恒彦さんは、目が飛び出るほど驚いて、ほとんどパニック状態になりました。そして平謝りで、私に土下座までしてきたんです。

「すいません……つい……その、お義母《かあ》さんがあまりに魅力的で……」

恒彦さんは、ずっと私に魅力を感じていたことを告白してきたんです。あまりにも意外な言葉に、私も動悸《どうき》が激しくなってしまいました。

こんな若い男性が、私のようなおばさんに魅力を感じていたなんて……。

そんなうれしさとは別に、泣きながら謝る彼の惨《みじ》めな姿に、私はゾクゾクする快感を覚えていました。

私の下半身の奥のほうが、ムズムズと疼いてくるのを感じたんです。

前の晩に、恒彦さんと娘のあられもない姿を妄想して、オナニーにふけったせいでしょうか。私の精神状態も普通ではありませんでした。

気がつくと、私はとんでもないことを口走っていたんです。

「美樹には黙っておいてあげるから、罰として私のここを舐めてちょうだい」

私はそう言って、スカートをたくし上げました。

恒彦さんは、あっけにとられたように土下座した顔を上げます。

「どうしたの？　私に魅力を感じていたんじゃないの？」

高圧的なセリフを口にしつつも、私の心臓は破裂しそうでした。男の人に向かってこんな態度をとったのは、初めてのことです。それも、娘の夫に……。

恒彦さんは跪《ひざまず》いた姿勢のまま、膝だけで私ににじり寄ってきました。

そして、震える指先を私のパンティにかけて、ゆっくりと脱がしてきたんです。

「んっ……」

性器からパンティの布が剝がされる瞬間、小さな声を出してしまいました。そこはすでに濡れて、くっついていたんです。

恥毛はきれいに処理していました。これも夫に自分を求めてもらうための、私なりの工夫でした。でもまさか娘婿にそれを見られるなんて、予想もしませんでした。

恒彦さんは私の太ももを抱きかかえ、舌を突き出し股間に顔を埋《うず》めてきました。

私は彼の頭に手を置いて、手近にあった台の上に右足をのせました。脚を大きく開いて、彼が舐めやすいようにしてあげたんです。

ぴちゃ、ぴちゃ、ぴちゃ……。

真っ昼間から、淫らな音が洗濯場に響きました。

私のオマ〇コはすっかり興奮していて、彼の舌をいやというほど、ジュースで濡らしていました。するとその濡れた舌が、さらに奥へと入り込むんです。

恒彦さんは、指先でもオマ〇コにふれてこようとしました。

私は、あわてて言いました。

「だめっ……舌だけを使って、私を気持ちよくするの……」

私がこう言ったのは、舌だけでも感じすぎるくらい感じていたのに、指まで使われたら、大きな声を出さずにはいられなくなってしまうと思ったからでした。

恒彦さんは私の声にビクッとして、すぐに手を引っ込めました。

その姿を見ると、なんとも言えない気持ちになりました。

完全に自分が優位に立っている性行為は、こんなにも興奮させられるのかと、私はこのとき初めて知ったんです。

「んっ……あっ……」

口からいやらしい吐息が洩れるのを、どうすることもできませんでした。

前夜、恒彦さんでオナニーをしていなければ、まさかここまでのことはしなかったと思います。

彼の舌先の動きは激しく、奥まで責めてきました。溢れ出す大量の蜜で顔が汚れるのも構わず、激しく舐めてきたんです。

ふと見ると、彼は私のアソコを舐めながら、オチ○チンを自分でしごいていました。

そう言えばさっきも、パンティを顔に押し当てながら、自分でしようとしていたようでした。

「ちょっと……勝手に自分で気持ちよくなっていいと思ってるの……？」

私が声を荒げると、恒彦さんは小動物のようにビクッと体をふるわせました。

その卑屈な姿を見おろしているのが、なんとも快感だったんです。

わたしって、こんなにSだったのかしら……?

そんなことを思いながらも、彼を虐《いじ》めるのがやめられないんです。

「立って、私の前でよく見せてごらんなさい……」

そう言って、私はしゃがんで見せました。恒彦さんはもじもじと、どうしたらいいのかわからないという様子で私を見ています。

「何してるの? 着ているものをぜんぶ脱いで、私の前で見せるのよ」

恒彦さんは命令されたとおりにしました。彼は体つきはがっしりしていますが、肌は色白でした。家にこもってする仕事だからでしょう。露《あらわ》になっていく体に最後に残されたパンツを脱ぐと、私の目の前で隠し切れないほどふくらんでいるオチ○チンを、彼はなんとか手でおおい隠そうとするんです。

「何よ、さっきはあんなにいじっていたクセに……手をどけなさい」

私の命令で、恒彦さんは隠していた両手をふるわせながら体の後ろに回しました。

ずっと夫に拒否されてセックスレス状態だった私にとって、それは久しぶりに見る本物のオチ○チンでした。本物のというのは、ちゃんと勃起したオチ○チンという意味です。そう、興奮してはち切れんばかりになっているものだけが、私にとっての本物のオチ○チンなんです。

きれい！

私は思わず、うっとりとなりました。

恒彦さんのオチ○チンの亀頭はとても太くて、大蛇の鎌首という形容がピッタリでした。浅黒くて、紫がかっていて、とてもグロテスクなのにきれいなんです。

私は指先を伸ばして、亀頭のカリ首の部分を一周するように指を這わせました。

「うっ、うっ……んっ……」

上擦ったようなおかしな声をあげて、恒彦さんの体がビクビクと動きます。打ち上げられた魚か海老が跳ねているみたいに、痙攣をくり返しているんです。

「こんなになって……そんなに気持ちいいの……？」

恒彦さんの返事を待たずに、私は伸ばした舌先で亀頭にふれました。

「あっ……！」

恒彦さんは悲鳴をあげました。まさか私に舐めてもらえるとは思わなかったのでしょう。驚く様子がおもしろくて、私は夫に対してもしたことがないくらい、激しく唇と舌を使って、責め立ててしまったんです。

「ダメ、ダメです、そんなにされたら、ああ……！」

恒彦さんの声がどんどんか細くなっていきます。もうこれ以上責め立てたら、発射してしまう……その直前で、私は口と手を離しました。

「ダメなの？　じゃあ、これで終わりにしてあげる……」

私がそう言うと、恒彦さんは子どもが泣きそうな顔になってしまいました。

その顔を見ていると、ますます虐めたくなってしまうんです。

「何、その顔……義理の母の下着をかいでいるような、変態のくせに……」

私に罵《ののし》られると、恒彦さんの顔はみるみる真っ赤になっていきます。

もちろん、怒っているのではありません。興奮して発情しているんです。

私は立ち上がって、彼の体に手をかけました。

そして、浴室の床にあおむけに横たえさせたんです。そのあとで、私は自分の着ているものを脱ぎはじめました。

もう羞恥心なんかより、欲望を満たすことのほうが優先だったんです。

この間、恒彦さんはずっと私にされるがままでした。オチ○チンは破裂寸前の限界までふくらんで、硬くなった状態です。

「こうやって……されたかったんでしょう？」

私はそう言って、恒彦さんの体に跨《またが》るように立ちはだかりました。

うるんだ私のアソコも、彼にはまる見えだったと思います。

そしてゆっくりと、私は腰を落としていきました。

「んっ……」

オチ○チンの先端がぱっくりと開いたアソコにふれたとき、私の口から濡れた吐息が洩れてしまいました。

熱いオチ○チンに指を添えて角度を調整して、私は腰を恒彦さんのお腹の上に落としました。ずぶずぶという感触とともに、熱いものが私の中を満たしてきます。

ああ、ずっと待ってたんだわ……これを。根元まで呑み込んだあと、私はしばらくそのまま動かず、感触を味わいました。

年上の、精力の減退した夫のものでは味わえない、至福の感触です。しかも、私は若いころよりも性欲が強くなっていて、いまの体ならではの快感もあったんです。

しばらくそうしたあと、私はゆっくり体を動かしはじめました。体をなすりつけるようにして動かすと、汗ばんだ彼の胸板の上でおっぱいが変形しました。

「私のおっぱい、気持ちいい……？」

私がたずねると、恒彦さんは首をぶんぶんと縦に振りました。私のおっぱい、実は娘の美樹よりも大きいんです。彼もきっと、心の中で比較していたと思います。

二人の結合部分から、くちゅくちゅといやらしい音がしてきます。

その音に興奮させられて、ますます腰が激しく動いてしまいます。

ああっ、もう我慢できない……！

私はうつぶせにしていた体を起こして、恒彦さんの上で激しくバウンドするように上下に全身を動かしました。

「あっ、くっ、はっ、んんっ……！」

恒彦さんの声がどんどん大きく、激しくなっていきます。膣の入り口を締めつけると、悲鳴のようなものまであげました。

男の人が女の人を犯すのって、こんな感じかな……？

心の奥がぞわぞわしました。これまでのセックスでは味わったことのない、初めての感覚でした。

私は恒彦さんの肩をつかみ、ラストスパートよろしく、さらに激しく腰をピストンさせました。

こんなに積極的に男性を責め立てたのは、初めての経験です。

彼の顔が真っ赤になり、全身がかすかに震えだしました。

「イ、イク……！」

その瞬間、私は急いで腰を離しました。その直後に恒彦さんは、信じられないくらい大量の熱いものを、私の中に発射させたんです。

こうして恒彦さんと私は、家庭内不倫関係に陥《おちい》ってしまったんです。

恒彦さんは、あんなに仲のいい妻である美樹に、実はセックスに関しては満足していなかったんです。

恒彦さんは私が想像した以上の、マゾ体質でした。

女性上位で犯されないと、本当の満足は得られないのです。

でも美樹は、いわゆるマグロで、自分が上になってセックスするなんてことはまったくなく、いつも受け身で恒彦さんとセックスしていたんだそうです。

そのことが、恒彦さんには不満だったんです。

私自身は、自分がサディストだと思ったことはありませんでしたが、マゾの恒彦さんに言わせると、ひと目見たときから、私がSだとわかったんだそうです。

それ以来、ずっと私に犯されることを夢見ていたのだとか……。

私はいまだに、自分がSなのかどうかよくわかってはいません。でも彼を虐めるように犯していると、気持ちがよいことは確かです。

いまも、家庭内不倫は続いています。昼間、家にいるのは恒彦さんと私だけです。誰にもバレる気づかいはありません。だからセックスの内容もアブノーマルに、どんどんエスカレートしてきているんです。

「今日は何をしてほしいの？」

つい先日も私は自分だけ服を着たまま、恒彦さんを生まれたままの姿にさせて床に正座させ、そんな質問を浴びせていました。それだけで彼のオチ○チンは興奮して、太ももの間で上を向こうと懸命にもがいてしまうんです。

「顔の上に……しゃがんでほしいんです……」

恒彦さんは聞き取れないほどの声で、そんなことを口走ります。

「ほんとうに、変態ね……」

私は足先で、彼の体を床にあおむけに寝かしつけました。

オチ○チンは、天を向いてそびえ立っています。これから自分が受ける仕打ちに、興奮が止まらないのです。

あおむけになった恒彦さんの顔を跨《また》ぐように、私は立ちました。そして自分が下半身につけていたものを、すべて脱ぎ捨てたんです。

スカート、ストッキング……そして最後の黒いシルクのパンティを脱ぎ捨てる瞬間には、恒彦さんの口から「おお……」という深いため息が洩れ出ました。

私は彼の顔の上にゆっくり、腰をおろしていきます。

「あ、あ……ん、ん……!」

女性器が、恒彦さんの口のあたりにくるように座りました。

目の前にはきっと、私のお尻の穴がアップで迫っているんだろうと思います。

「どう? しっかり見て、舐めて、私を気持ちよくしてちょうだい……」

こんなセリフ、以前なら恥ずかしくて口に出すのも難しかったと思います。でもそれ以上に、征服欲が満たされる快感が上回るようになってしまって、いまでは自然に口にするようになってしまったんです。

苦しそうにもがきながら、恒彦さんは舌を激しく動かして、私のオマ○コを刺激してきます。私が少し足の力を抜いて体重をかけると、とたんに息が苦しくなって、何もできなくなってしまうんです。でもその様子がなんだかおかしくって、私は何度も彼の顔に体重をかけてしまうんです。

私の前では、彼のオチ○チンが天井めがけて伸びています。

ずっと勃起しっぱなしのそのオチ○チンが、私が体重をかけるのに合わせて、ビクビクと飛び跳ねるんです。

「あなた、こんな目にあって、いったい何を喜んでいるの？」

私はそう言って、天井を向いているオチ○チンに往復ビンタをするように、手のひらでふれてやりました。

「ぐむっ……！」

私の大きなお尻の下で、恒彦さんのくぐもった声が聞こえてきます。

その声は苦しそうなのに、オチ○チンはまったくなえる気配がありません。

「ほんとうに、いけないオチ○チンね……」

私は目の前のオチ○チンをつかんで、上下に動かしました。すぐに、先走りのお汁が溢れて、つかんでいる私の手まで汚すほど垂れてきたんです。

私はさらに、反対の手のひらを亀頭の先端にあてて、グリグリと回転させました。

濡れた亀頭の先が変形するくらい強く刺激すると、私のオマ○コに挿入されている恒彦さんの舌先も、ますます激しく、妖しくうごめくのです。

「んあっ……んん……」

私の唇からも、深く熱い吐息が洩れてきました。

オマ○コから全身に広がる快感の疼きが強くなってきて、舌だけでは我慢できなくなってきてしまったんです。私は、ゆっくり腰を上げました。

恒彦さんの顔にしゃがんでから、すでに三十分くらい経《た》っていたと思います。

「ぷ、はあ……!」

大きな深呼吸の声が、彼の口から洩れました。よほど苦しかったのでしょうか、軽く咳き込んですらいます。

でも後ろを振り返って彼の顔を見ると、とてもいい笑顔になっているんです。

「お尻で踏まれて、そんなに喜んで……こんな姿を美樹に見てほしいわね……」

私が意地悪を言うと、とたんに泣きそうな顔になります。私のひと言、一挙手一投足で、恒彦さんの心は完全にかき乱されてしまうんです。

それが、私にはうれしくてたまらないんです。

「じゃあ、今度は私を満足させなさいよ……」

私はそう言って、後ろを向きました。そしてお尻を突き出して、椅子の背もたれに手をかけたのです。

「今日は、後ろからしてちょうだい……」

私がそう言うと、恒彦さんは盛りのついた犬のように、私のお尻を抱きかかえてきました。そして、ずっとふくらんだままのオチ○チンを自分でつかんで、私の後ろ向きにぱっくりと開いたオマ○コに、先端をあてがってきたんです。

「んっ……こんな汚れたオチ○チンの相手をしてあげるんだから、感謝しなさい」

私は椅子の背もたれを、強く手で握り締めました。

少しずつ、私の体の中にオチ○チンが埋まり込んできます。

夫との生活では満たすことができなかった私の心のすき間が、熱い、若いオチ○チンで、ゆっくりと満たされていくんです。

奥まで、根元まで、熱いオチ○チンが貫いてきました。

「ん……よくできました。じゃあ、次は動かして。私が気持ちよくなるように……」

若い男性にいいように命令して、自分に奉仕させるというのは、征服欲が満たされてとても快感です。

この征服欲は、恒彦さんを征服するというだけの意味ではありません。

私よりも若くてきれいな私の娘、美樹よりも私のほうが恒彦さんに満足を与えているという事実に、美樹に勝ったという事実に、心が満たされるんです。

恒彦さんの腰が、私のお尻に規則的に打ちつけられます。

彼のオチ○チンは、夫のよりもずっと長いんです。だからピストンの幅もずっと広くて、それだけ気持ちよさも大きいんです。

やっぱり、大きいオチ○チンって素敵……！

私の体の奥の熱が、どんどん激しくなっていきます。恒彦さんは腰を動かしながら私の着ているものを脱がします。でもけっして乱暴にはしません。執事が奥様のコートを脱がせるように、私が心地よいように、脱がしてくれるんです。

「あっ、はっ……んんっ……！」

そのまましばらくの間、私は彼のピストンに突き上げられる快感を、じっくりと味わっていました。

「お義母さん……あの、そろそろ……ご褒美を……」

恐るおそる、恒彦さんが私の耳に後ろからささやいてきます。

ご褒美というのは、私が上になって恒彦さんを犯してあげることです。恒彦さんは私に上になってもらわないと、発射できない体質なんです。

「ほんとうに世話が焼けるわね……んっ……」

私はそんなことを言いつつ、笑顔で自分のオマ○コからオチ○チンを抜きます。

抜く瞬間に、大きな亀頭が膣口にこすれて軽く絶頂しかけました。

そして彼の体を床に寝かせて、その上に跨りました。

「ほら……ここに、入ってきたいんでしょう……？」

私は自分の指で、性器の入り口を開いで見せました。

恒彦さんの目は、すっかり血走ったようになっています。飢えた飼い犬に餌を与えるように、私はオチ〇チンの上に体をおろしていきました。

「あっ、はあっ……んんっ……！」

私が体を動かしだすと、すぐにオチ〇チンが私の中で痙攣しはじめました。

「まだまだ、これだけじゃダメよ……んっ、ああっ！」

恒彦さんは、私の制止も聞かず、私の中で果ててしまいました。

私が上になるとすぐにこうなんです。仕方がないから、そのあと二回も、私を絶頂させてもらいました。これは、お仕置きです。

ご褒美、お仕置きと称して、恒彦さんに女性上位のセックスを仕かけるのは、ほんとうに楽しいことです。少し前まで夫とのセックスレスに悩んでいたのが、まるでウソみたいです。

いまでは、ちょっとアブノーマルな世界に目覚めて、第二の人生の扉が開いたかのように、充実した毎日を過ごしています。

ジョギングに付き添ってくれた甥とのSEXダイエットに成功した淫乱主婦

笹山和美　主婦　四十二歳

私は以前から、自分の太めの体型を気にしていました。

結婚前はスリムだったのですが、少しずつ体重が増えて、十キロ近くも太ってしまったのです。

痩《や》せようといろんな運動に手を出してみたものの、どれも長続きはしませんでした。飽きっぽいうえにきついことは苦手で、三日坊主で終わってしまうのです。

しかし今度こそはと思い、チャレンジを決意したのが、早朝のジョギングです。これならばジムに通う必要もないし、早朝ならばあまり人にも見られないはずです。もちろん家事の時間も、きちんと計算してありました。

さっそくジョギング用のウェアとシューズを買い揃え、いざ走り出そうとしたものの、初日から億劫《おっくう》になってしまったのです。結局、一日もできないままでした。

そんな私に、夫はあきれながらこんなアドバイスをしてくれました。

「一人でやろうとするから、すぐに諦めてしまうんだ。誰かといっしょなら、少しは長続きするかもしれないぞ」

なるほどと思った私は、ちょうど手ごろな相手がいることに気づきました。

近くに住んでいる、大学二年生になる甥っ子の祐介《ゆうすけ》くんです。私の姉の一人息子で、二十歳になったばかりです。

もともと彼は高校時代は運動部に入っていて、走ることには慣れているはずです。ルックスも精悍《せいかん》で、女の子にもモテるタイプです。

ただ少し口が悪く、私と会うといつも「また太ったんじゃないの？ もう少し痩せたら？」などと憎まれ口を叩いてきます。もっとも、それであっても、私にはかわいい甥っ子ですが。

電話で誘ってみると、最初はめんどくさそうにしていたものの、渋々ながら頼みを聞いてくれました。

そうして約束を取りつけると、次の日の早朝に彼は私の家に来てくれました。

私も夫への食事の用意をあらかじめすませてから、ジョギングウェアに着替えて、彼を出迎えました。

すると彼は、私の姿を見て目を丸くしているのです。

「そんな格好で近所を走るの？　それじゃ目立ってしょうがないよ……」

実は私が選んだのは、通販のサイトでモデルさんが着ていたものでした。下は派手な柄の膝丈までのレギンスに、上は肩を出した薄手のランニングシャツです。

いずれ自分もこういうのが似合う体型になればいいなぁと、ちょっと大胆なものをあえて買ってみました。

ただ彼の目には、胸やお尻の形が丸わかりの、かなり恥ずかしい格好に見えていたようです。

たしかに私のような体型の女性が着ると、ふくよかな部分が、ことさら強調されてしまいます。そのことには自分でも気づいてはいたものの、いまさら別のウェアを用意するのも手間だし、気にせずに走ることにしました。

彼は私のペースに合わせ、ゆっくりしたスピードで並走してくれました。

おかげで私も大して疲れずに走ることができたのですが、すれ違う人たちがみんな私をジロジロと見ているのです。走ると胸が揺れるうえに、汗をかくとウェアやレギンスが、体にぴったり張りついてきました。

おかげでますます恥ずかしい格好になってしまい、近所の顔見知りのご主人とすれ違ったときには、思わず顔を下に向けてしまいました。

ただ、私はあることに気づいていました。それは隣を走っている祐介くんまで、こちらを横目でチラチラと眺めているのです。

やはり、なんだかんだ言って、彼も私の体のことが気になっているのでしょう。ふだんは生意気なことばかり言っているくせに、こういうところは男の子なんだなぁと、かわいく思ってしまいました。

三十分ほどでジョギングを終え、帰宅したときには、夫はすでに出勤していました。汗びっしょりになった私は、すぐにシャワーを浴びに向かいました。ジョギングにつきあってくれた彼には、お礼に豪華な朝食をご馳走してあげる予定でした。

ところが、シャワーを終えてリビングに顔を出すと、彼の様子が変なのです。

バスルームから出たばかりの私は、バスタオルを体に巻いたままでした。着替えてすぐに朝食を作るから、もうしばらく待っていてと言うつもりだったのです。

突然現れた私を見て、ソファに座っていた彼は驚いた顔をしていました。

それだけではありません。手に持っていた何かをあわてて背後に隠したのです。

「ちょっと、何を隠したの？」

私は近づいて、彼に問いかけました。というのも、チラッと見えたものが、脱いで洗濯機に入れておいたはずの、私の下着のように見えたからです。

「いや、なんでもないよ。こっち来んなって！」

「いいから、出しなさいよ。ちゃんと見えたんだから！」

必死に隠そうとする彼に、私はしつこく迫りつづけます。

するとようやく彼も観念して、隠していたものを私に見せてくれました。

それはやはり、私の脱いだばかりの下着でした。汗でぐっしょり濡れていて、脱いだときにはかなり汗くさくなっていました。

そんなものをこっそり持ち出して、彼が何をしようとしていたのか、言われなくてもわかります。きっと、オナニーのオカズに使うつもりだったのでしょう。

「やぁねぇ、もう、こんなもの盗んで。すごく汚れてるのに……」

「ごめんなさい……」

そう小さな声で謝った彼は真っ赤になって、ばつが悪そうに目を逸《そ》らしていました。

彼がどんな気持ちなのかは痛いほどわかります。きっと、恥ずかしくてこの場から消えてしまいたい、そう思っていたのでしょう。

そんな姿を見ていると、私は彼を責める気にはなれませんでした。

というのも、走っているときから彼がムラムラしているのには気づいていたし、そのことを知っていながら、家に連れてきてしまったのです。私がいないすきに、性欲を発散したくなったとしても無理はありません。

どうにかして、彼を傷つけずにこの場を収めないと……そう思った私は、とっさにあることを思いつきました。

「ねぇ、こっち見て」

私は彼に向かって言うと、体に巻いていたバスタオルをはだけてみせたのです。

すっ裸になった私を、彼はあぜんとして見ていました。

太ってきたこともあって、胸もお尻もボリュームは人一倍あります。もっと言えば痩せていたころよりも、男の人が好きそうな体つきかもしれません。

ほんとうは、一瞬だけ裸を見せて、すぐにバスタオルを巻き直すつもりでした。それでおあいこということにして、あとは何も見なかったことにして、すませてしまうつもりだったのです。

しかし、あまりにまじまじと彼に見つめられ、隠せなくなってしまいました。

「……もっと近くで、見たい？」

私の問いかけに、彼はうなずきました。

自分でも、何をやっているのだろうと思いました。まさか裸を見られて、私までいやらしい気持ちになってしまうなんて、まったく予想していませんでした。

そういえば、夫とも長いことセックスをしていなかったし、知らないうちに欲求不満になっていたのかもしれません。

こうなるともう、私のほうが興奮に火がついてしまいました。裸を見せるだけでは収まらず、こんなことを言ってしまったのです。

「したいんだったら……してみる？　セックス……」

私がそう言うと、彼は信じられないという顔になりました。

こうなったら、もうあとには引けません。自分から誘ってしまったからには、強引にでも彼をその気にさせるつもりでした。

「えっ、だって……こういうのって、マズいんじゃないの？」

「いいのよ……これは、ジョギングにつきあってくれたお礼だから」

そう言うと、ソファの上の彼に裸で抱きつき、唇を奪いました。

体が離れないように、しっかりと腕を回して舌も入れてみせます。こうすると彼も身動きできなくなり、されるがままでした。

たっぷりキスをしてから唇を離すと、彼はすっかり発情した顔になっていました。

「いいの？　おれ、本気で和美《かずみ》さんのこと抱いちゃうよ……」

そう聞いてくる彼も、すでに私の胸をまさぐりはじめています。

もう彼も、止まりそうにありません。胸をもみしだきながら、今度は彼が強引に体をソファに押し倒してきました。

「あんっ……」

彼の唇が乳首に吸いついてくると、私は思わず声を出してしまいました。

優しい夫の愛撫とは違い、胸をさわる手つきも乳首を吸う力も、かなり荒々しいものでした。

いまの私にはそんな愛撫さえ快感でした。なにしろ、他人の手で体をまさぐられるのさえ久しぶりなうえに、相手は若い男の子なのです。

彼が夢中になって乳首を吸っている間、私も彼の股間に手を伸ばしていました。

手のひらのなかには、硬いふくらみがあります。トレーニングパンツの上からでも、はっきりと勃起したペニスの形がわかりました。

「ああ、ちょっと待ってよ。そんなに手を動かされたら……」

私は軽く手のひらで、股間をさすっていただけです。それなのに彼はもう、我慢ならないような声を出していました。

あわてて立ち上がった彼は、自分でトレーニングパンツを脱ぎ、ペニスを私の顔に突きつけてきました。

初めて目にした彼のものは、驚くほど立派にそそり立っていました。初々しいピンク色なのに、大きさも角度も私の夫より上なのです。

「もうこんなになってるんだよ……早くヤラせてよ」

どうやら彼は、すぐにでもセックスをしたくてたまらないようです。

しかし私は、あえてもう少しじらすことにしました。まだまだ彼には、とっておきのテクニックを教えていないからです。

「もう少しだけ待って。もっと気持ちよくしてあげるから……」

私はそう言うと、おもむろにペニスを口に含んであげました。

「ううっ……」

私の耳には、彼の上擦った声が聞こえてきました。

そんな声を出すのは、気持ちよくなっている証拠です。

ペニスを深く呑み込んでしまうと、すっかりおとなしくなってしまいました。あとは私がやりたいように、おしゃぶりをしてあげるだけです。

舌を使ってもてあそびながら、ゆっくりと口を動かしてみせます。あまり激しくすると、あっという間に射精してしまうかもしれないからです。

「ああ……そこ、気持ちいい……」

どうやら彼は、亀頭の裏側が弱いようでした。そこを念入りに舐めてあげると、ますます彼の呼吸が荒くなってきました。

走り終えてシャワーも浴びていないので、彼の体も汗くさいのですが、まったく気になりません。久しぶりのおしゃぶりを、私は心から楽しんでいました。

「あっ、ちょっと、ヤバいよ……もう」

そう彼が言うのを聞いて、私はあわてて口を離しました。

「もうイキそうなの？　まだ少ししか咥えてないのに……」

「だって、あんまり気持ちいいから……」

いくら若いとはいえ、あまりにもこらえ性がなさすぎます。

それだけ性欲が溜まっているのなら、一度くらい出したって、むだにはならないと思いました。私は再びペニスを咥え、さらに激しく唇を動かしてみせたのです。

「待って、出る、出ちゃうよ！」

彼の声も無視してフェラチオを続けていると、口の中でペニスが暴れはじめました。

ピクピクッと動いたかと思うと、生温かい液体が口に溢れ出してきました。

彼は「ああっ……」と声を出しながら、何度も腰を浮かせています。そのたびに、ドロッとした精液が噴き出てくるので、あっという間に口の中に溜まってしまいました。

私は射精が収まるまで、唇を引き締めて待ちました。

ようやく彼も落ち着いたようです。ペニスもおとなしくなり、絞っても一滴も出てきません。

口で精液を受け止めた私は、彼に向かって顔を上げると、思いきってごっくんと飲み込んでみせました。

これは、夫にもしてあげたことがないサービスでした。少しでも彼を悦ばせようと思ったのです。

「見て、飲んじゃったのよ。ほら……」

そう言って口を開けてみせても、彼は悦ぶどころか上《うわ》の空でした。射精した余韻に浸っているらしく、拍子抜けでした。

しかし私は、おしゃぶりしている最中も、体が疼きっぱなしです。

さっきは彼のほうが待てなくなっていたのに、今度は私が我慢できませんでした。

「ねぇ、ほら、ここ見て。こんなに濡れてるのよ……」

私は大胆に足を開いて、あそこを見せつけてやりました。

かなりご無沙汰だったので、毛の処理はまったくしていません。恥ずかしいのですが、あそこの周辺にも短い毛が生えたままです。

毛深いうえに、あそこの色も少し濃くなってきているので、あまりきれいな見た目ではありません。

しかし彼は、まじまじと目をこらしていました。ついさっき射精したばかりでも、エッチな興味は尽きないようです。

「すげぇ、穴がウネウネしてる……」

あそこに指を挿入した彼は、しきりに指を動かして奥を探っていました。

「あっ、ああっ、そんなに奥まで……」

指の動きで、私は身悶《みもだ》えしながら喘ぎ声を出しました。

もともと私は、濡れやすいほうです。指を出し入れされるたびに、クチュクチュといやらしい音がしました。

それをおもしろがっているのか、彼はますます指の動きを激しくさせます。

「ああんっ、ダメ、もう……！」

これほどの快感は、しばらく経験していませんでした。ダメと言いながら、あそこはびしょ濡れどころか、彼の手まで濡らしていたのです。

ようやく彼が指を抜いてくれたときには、私はソファの上でぐったりしていました。しかし、休んでいる暇はありません。すでに彼は私の足を抱え上げ、ペニスを挿入する姿勢になっていたのです。

「入れるよ、いい？」

彼は私の返事を待っています。私は彼がコンドームをつけていないことを知りつつも、拒《こば》むことはできませんでした。

「うん、いいよ。来て……」

それを聞いた彼は、すぐさまペニスを突き刺してきました。

私は「ああっ！」と声を出し、彼も腰を押しつけたまま身動きをしなくなりました。

「最高に気持ちいいよ！　たまんない……」

まだ入れたばかりなのに、とても幸せそうです。

動かないのは、きっとあそこの感触を時間をかけて味わっているのでしょう。それとも、射精を少しでも遅らせようとしているのかもしれません。

彼はようやく腰を引くと、ゆっくりと再び押し進めてきました。

じれったいぐらい緩やかなスピードです。その一回ごとに、彼はハァハァと息を喘がせているので、かわいくて仕方ありません。

少しずつ慣れてきたのか、腰の動きが速くなってくると、だんだんと私も気持ちよくなってきました。

「いいっ、すごく……とってもじょうずよ。もっと腰をぶつけるように動いてみて」

「こう?」

ジョギングでは彼に走るペースを教わりましたが、セックスでは私が教える立場でした。

彼は呑み込みも早く、すぐに私の教えどおりに動いてくれました。若くて体力もあるので、ハードな運動も平気そうです。

「んっ、ああっ!　すごいっ……おかしくなっちゃいそう!」

彼の動きは、私の予想を超えて激しくなってきました。

指よりも長く太いものであそこをかき回され、快感がひっきりなしに押し寄せてきます。テクニックも何もありませんが、それが大きな刺激になりました。

彼はがむしゃらに腰を動かしつづけています。もう私の声も耳に入っている様子はありません。

「ああ、ヤバい!　もうダメだ……」

その声で、射精が近いことを私は感じました。

彼にペニスを抜く考えがないのは明らかでした。このまま、私の中で射精するのは時間の問題です。

それでも私はあえて彼に何も言わず、おとなしく身をまかせました。

もともと、コンドームをせずに挿入を許したのも私です。危険は承知のうえでした。

それに、彼の気持ちよさそうな顔を見ていると、とても中断させることはできませんでした。

「ああ、イクッ！」

そう彼が声を出すと、体もいっしょにビクビクッと動きました。

私のあそこにペニスを突き刺したまま、身動きをしなくなります。しばらくそうして体を重ねていると、あそこの奥がじんわりと熱くなってきました。

二回目なのでほとんど出ないと思っていましたが、彼の精液はなかなかの量でした。ペニスを抜くと、白い液体もいっしょにドロリと流れ落ちてきたのです。

「どうだった……気持ちよかったでしょう？」

終わってしまうと、彼はすっかり満足した顔をしていました。

私の下着を勝手に持ち出したことも、中に出してしまったことも、何もかも許してあげました。すっかり忘れていた朝食を作り、仲よく食べました。

あれから、私たちは元どおりの叔母と甥の関係です。週に三日は二人でジョギングをして、家に戻ればセックスで汗を流しています。

その効果があったのでしょうか。ジョギングをはじめてから、五キロも痩せました。夫は珍しく長続きをする私を見て驚いています。もちろん私と彼の間に何があったのかは知らないので、「やっぱりおれの言ったとおりだろう」と、なぜか自慢げにしています。

彼は私とのセックスに、すっかり味を占めてしまったようです。いまではお礼目当てに、私よりも彼のほうが張り切っているように見えます。

これからも彼は、私のいいジョギングとセックスのパートナーでいてくれそうです。

夫への不満から酔いつぶれてしまい 義弟の逞しい肉棒を欲望のままに貪り

三島優子　専業主婦　五十一歳

私は二十三歳のとき、合コンで知り合った六歳年上の夫と結婚しました。

公務員の彼の収入は安定しているのですが、昔気質《むかしかたぎ》の人で、とても気難しい性格をしているんです。

一人娘を送り出したあと、この人とまだ何十年も過ごすのかと思うと、憂鬱になるばかりでした。

夫には歳の離れた弟の英二《えいじ》さんがおり、私より五つ年下で、近所のマンションに住んでいます。

まじめという点では兄と同じでしたが、優しくて引っ込み思案という印象が強く、女性の前だとあがってしまうようで、いまだに独身を通している人でした。

顔を合わせるたびに細かい気づかいを忘れずに接してくれて、英二さんが結婚相手なら、こんな気持ちにならなかったのかなと思ったことも何度かありました。

そんな私の唯一の息抜きは、学生時代からの友人の、玲子《れいこ》と飲むことです。

彼女とは結婚や出産が同じ時期で、仲間内でも特にウマが合い、親友ともいえる大切な存在でした。

夫の出張した日はいつも彼女と飲みにいくのですが、その日は出かける前に夫とケンカしてしまい、フラストレーションがかなり溜まっていました。

それが原因だったのか、すっかり酔いつぶれてしまい、玲子にスマホを渡して英二さんに連絡してもらったんです。

「すみません。私、優子《ゆうこ》の友人なんですけど、彼女、酔いつぶれてしまって、迎えにきてもらえないでしょうか？　ええ……英一《えいいち》さんは出張で、留守らしいんです」

玲子の声を遠くに聞きながら、私はテーブルに突っ伏していました。

どれくらいの時間が過ぎたのか。肩を揺り動かされ、続いて低い男性の声が聞こえてきました。

「義姉《ねえ》さん、義姉さん……」

頭を起こすと、英二さんが困惑げに立ち尽くしていました。

「英二さん、どうしたの？　なんで、ここに？」

「いやだわ。あなたが連絡してくれって、言ったんじゃない」

「玲子……」

彼のとなりにたたずむ玲子は苦笑しており、私はようやく自分の置かれている状況に気づいたんです。

「玲子さん、でしたっけ？　あなたは、どちらにお住まいなんですか？」

「K町よ」

「それじゃ、通り道だ。車に乗ってください。お送りしますよ……」

「すみません、ありがとうございます……あぁン、もう、優子、しっかりして」

すっかり寝入っていたらしく、酔いは少しは醒めていたのですが、アルコールは完全には抜けてはいませんでした。

立ち上がっただけで体がふらつき、私は英二さんの肩を借りて、店をあとにしたんです。

玲子を途中でおろしたあと、彼は私を自宅まで送り届けてくれました。

「コーヒー、淹《い》れるわ。上がってって……」

「ちょっ……危ないよ。足元が、まだふらついてるじゃないか……」

「玄関の鍵、開けて」

鍵を手渡し、玄関扉を開けてリビングまで連れていってもらい、私はそのままソファに倒れ込みました。

「あぁ、重かった。それじゃ、俺は帰るからね。ちゃんと、ベッドに入って寝なきゃだめだよ」

「連れてって……」

「はあ？」

「その前に……水」

「もう、仕方ないなぁ……」

もちろん、それまで義弟の前であんな情けない姿を見せたことはありませんでした。英二さんは小さな溜め息をつき、言われるがまま水を用意してくれました。

夫に対してはいつもへりくだっていたので、いまにして思えば、なんでも言うことを聞いてくれる彼に、甘えたいという気持ちがあったのかもしれません。

水を飲み干したあと、再び彼の肩を借り、私は一階の端にある洋間に向かいました。

アルコールの作用なのか、全身が燃えるように熱く、なぜか胸が妖しくざわつきました。

あそこもほてりだし、こらえきれない情念が心の中で渦巻いていたんです。

五年以上のセックスレス生活も、多分に影響していたのかもしれません。

寝室に到着して照明をつけると、ツインベッドが目に入り、朦朧《もうろう》とした意識の中で英二さんを誘惑したいという思いに駆られました。

「奥のほうのベッドよ……」

「う、うん……」

夫婦のなまなましい生活空間を目《ま》の当たりにし、たぶん彼は複雑な心境だったのではないかと思います。

急に声が細くなり、明らかにうろたえているようでした。

それでも、ベッドカバーとかけ布団をめくり上げ、上着まで脱がせてくれたんです。

「それじゃ、俺……帰るからね」

「あぁン、息苦しいわ……ブラウスのボタン、はずして」

「ええっ!?」

ベッドに横たわった瞬間、私はあからさまに苦悶《くもん》の表情を浮かべました。

そのころには、酔いは醒めはじめていたのですが、一度目覚めた本能を止めることはできませんでした。

「もう……そんなことしたら、兄さんに怒られちゃうよ」

「いいの……あの人のことは！」

「……何かあったの？」

「いいから、早く！」

キッと睨《にら》みつけると、英二さんは肩をすくめ、大きな手を伸ばしてきました。

「第一ボタンだけで、いいよね？」

問いかけには答えず、いちばん上のボタンがはずされたところで彼の手をつかみ、胸に導いたんです。

「あっ……」

室内の空気がピンと張りつめ、しばし沈黙の時間が流れました。

続いて生唾を飲み込む音が聞こえ、私の心臓もドキドキしはじめました。

このときには子宮の奥が疼きっぱなしで、逞しいペニスを受け入れたいという欲望だけに、衝《つ》き動かされていたんです。

「ね……義姉さん」

「あなたも……いっしょに寝て」

「だ、だめだよ。俺たち、義理の姉弟なんだから……」

「さびしいの……ねっ？」

顔を横に振ったとたん、英二さんの股間が目に入りました。

なんと、あそこが大きなテントを張り、斜め前方に突き出していたんです。

あとで聞いた話によると、仕事の忙しさから溜まりに溜まっていたらしく、本能と理性の狭間で苦悩していたそうです。

なんにしても、義弟の性的昂奮を知り、もはやためらいはありませんでした。

「いったい、何があったの？」

私はその質問も無視して手を伸ばし、股間のふくらみをなでさすりました。

「あっ……」

「すごいわ……こんなになって」

「あっ、く、くうっ……」

手のひらを押し返す逞しい昂《たかぶ》りに、女の中心部が疼きまくりました。

熱いうるみがジュンと溢れ、知らずしらずのうちに、腰さえくねらせていました。

あのときの私は、飢えた顔つきをしていたのではないかと思います。

恥ずかしいという気持ちは不思議とわかず、全神経はズボンの一点だけに集中していました。

「だ、だめだって……」

彼は必死に拒絶していたのですが、執拗《しつよう》になでていると、次第に押し黙ってしまいました。

ここぞとばかりに手を引っぱると、英二さんはベッドに倒れ込み、泣きそうな顔を見せました。

その表情が食べてしまいたいほどかわいらしく、胸がときめいてしまったのも事実です。とにもかくにも、私は舌で唇をなぞり上げ、ズボンのホックをはずし、チャックを引きおろしました。

「ね、義姉さん……マジなの？　俺が誰だか、わかってる？」

「わかってるわ。でも、もう止まらないの……あなただって、同じでしょ？　こんなになってるんだから……」

「あうっ！」

ズボンを下着ごと引きおろすと、充血したこわばりがビンと弾けました。

パンパンに張りつめた亀頭、がっちりしたカリ首、稲光を走らせたような静脈と、義弟のペニスは夫のものより大きく、裏茎には逞しい芯が入っていました。

「あぁ、すごいわ……もう、こんなになって……」

汗と蒸れた匂いが鼻先をかすめ、なつかしい香りに胸が甘く締めつけられました。

ワインのテイスティングさながらに、私はクンクンと匂いをかいで、気がつくと、ペニスを口元や頬になすりつけていたんです。

「お、おぉっ……」

英二さんが低い声を放った直後、顔にぬるりとした感触が走り、牡の匂いがより濃厚になりました。

頭の芯がビリリと震えだすと同時に、あそこから愛液が溢れ出し、ショーツは早くもぐっしょり濡れている状態でした。

「こんな、こんなことって……」

呆然《ぼうぜん》とする英二さんを一瞥《いちべつ》し、私は亀頭を舐め回しました。

しょっぱくて苦い味覚がこれまたなつかしく、性感は怯《ひる》むことなく上昇するばかりでした。

先っぽだけにとどまらず、カリ首やサオの裏側に舌を這わせたあと、陰嚢をがっぽり咥えこんで、チューチューと吸い立てました。

「あ、あぁぁっ!」

英二さんはお尻を浮かし、両足を突っ張らせて大きな声をあげました。

玉舐めは玲子から教わったのですが、夫に試したことは一度もなかったため、男の人が悶絶する姿に、最初はびっくりしました。両指でシーツをかきむしる様子がおもしろくて、とことん乱れさせてあげたいというメスの本能が、ムクムクとわき起こったんです。

陰嚢を吐き出したあとはもう片方も同様の手順を踏み、英二さんは顔を打ち振って奇声を発しました。

「おおっ、おおっ……」

「ねぇ……気持ちいい？」

「気持ちいいっていうか、なんか魂を抜き取られそうな感じだよ……」

「そう……じゃ、普通のおしゃぶり、してあげる……」

「あ、くっ……」

私は大量の唾液を滴《したた》らせ、おチ〇チンの根元から先っぽまで舌を這わせました。

鈴口も敏感らしく、ねちっこい口戯を繰り返していると、彼は目をとろんとさせ、頬をみるみる真っ赤に染めました。

「ああ、も、もう……」

「もう、何？　やめてほしいの？　それとも、おしゃぶりしてほしいの？」

「お、お、おしゃぶり……」

「ん？　聞こえない……」

「チ、チ○ポをしゃぶって……あ、ふほっ」

言い終わらないうちにペニスを咥え込み、一気に根元まで呑み込みました。

そしてすぐさまスライドを開始し、おチ○チンに快楽を吹き込んでいったんです。

「あ、ああ、ああっ……」

英二さんは動物のように喘ぎつづけ、私は髪を振り乱し、ペニスを無茶苦茶に舐めしゃぶりました。

女王様のようなふるまいはもちろんのこと、あんないやらしいフェラチオを義弟に見せつけたなんて、いまでも不思議でなりません。

男の人をいじめる状況が新鮮な刺激を与えたのか、私の昂奮も頂点に達し、あそこがジンジンひりつきました。

口戯を続けながらブラウスとブラジャー、ショーツを脱ぎ捨てると、いよいよ吹っ切れたのか、英二さんは身を起こしてかぶりついてきました。

「義姉さんばかり、ずるいよ……俺にも見せて」

「あンっ、だめ！」

シャワーを浴びていないことを思い出した私は、当然のごとく拒絶したのですが、強引に迫られると、またもや愛液が溢れ出ました。

彼はズボンとパンツに続いてシャツを脱ぎ捨て、全裸の状態から、私のスカートを引きおろしました。

「ヤンっ、だめだったら……」

「俺だってそう言ったのに、やめなかったじゃないか」

「私は、いいの……」

「義姉さんがこんなにわがままな人だなんて、知らなかったよ」

互いに生まれたままの姿になると、英二さんは私の足に手を添え、強引に割り開きました。

「あンっ……」

身が裂かれそうな恥ずかしさに見舞われた直後、大きな快楽の稲妻が股のつけ根を直撃しました。

「ひっ!」

彼は股間に顔を埋《うず》め、猛烈な勢いでクリトリスを吸ってきたんです。

「す、すごいや……こんなに溢れて。ビラビラもめくれ上がって、おマ○コぐちょぐちょだよ……」

「あぁぁンっ！」

攻守交代とばかりにいやらしい言葉で責め立てられ、快感が肌の表面を絶えず走り抜けました。

じゅるじゅる、じゅぱっ、じゅるるるるっ！

フェラチオのお返しなのか、派手な音を立て、しこり勃《た》ったクリトリスがジンジンと疼きまくりました。

「ここかい？　ここがいちばん気持ちいいの？」

「ひぃっ！」

今度は指先でピンピンと弾かれ、私はそのたびに身をのけぞらせました。

「ああ、いや、すぐにイッちゃいそう……」

「いいよ……ここまできたら、何度でもイカせてあげるから」

「あ、だめ……ホントに、イッちゃう！」

「もっと足を開いて」

「く、ふぅぅっ……」

快楽の高波が続けざまに打ち寄せ、私はあっけなく絶頂へと導かれました。

頭の中が真っ白になり、延々と身を痙攣させていたのではないかと思います。

意識が戻りはじめると、彼はまたもや指であそこをいじり回し、性感が一瞬にして息を吹き返しました。

「あぁ、すごいや……こんなにぱっくり開いちゃって。ひょっとして、兄さんに拒否されたの？」

「あの人のことは言わないでって、言ったでしょ……」

「義姉さんが、こんなにスケべな人だとは思ってなかったよ」

「それは、あなただって同じでしょ。まじめで引っ込み思案なんて、よくこれまでだましていたものだわ」

「俺はまじめだと思うよ。女の人が苦手なのは事実だし。でも、義姉さんだけは別かな？」

「何が、どう違うの？」

「優しくて温かくて、包み込んでくれそうな感じだったたから。いまの女の人、自分の意見を強く言う人が多いでしょ？　なんか、疲れちゃって……」

歳の離れた末っ子は、もともと甘えたがりなのかもしれません。意外な一面を察したところで、英二さんはまたもやあそこに顔を埋めようとしました。

「あ、だめよ。汚れてるから……」

「そんなこと、全然思ってないよ。いくらでも舐められるから」

「あンっ！」

敏感状態のクリトリスをねちっこく舐められ、全身がふわふわとした感覚におおわれました。

それでも羞恥心は打ち消せず、私は彼の腋の下に両手を差し入れ、強引に引っぱり上げたんです。

「ねぇ、入れて……」

「もう入れちゃうの？」

「入れて……我慢できないの」

ここで初めてキスをしたのですから、そもそも順番が逆ですよね。

互いに気が昂っていたのか、情熱的なディープキスに頭の中がチカチカしだし、腰が自然とくねりました。

ペニスをしごくと、クリトリスをなでつけられ、性感が最高潮に達した直後、英二さんは唇をほどいて、足の間に腰を割り入れました。

「入れるよ……」

「ああ、早く……あっ」

おチ〇チンの先っぽが侵入してきたときの快感は、いまでもはっきり覚えています。私は腰を小刻みにふるわせ、カリ首が埋めこまれると同時に彼の背中を手のひらでバシッと叩きました。

「はぁあぁンっ！」

「お、おぉ、義姉さんの中、とろとろだよ！　チ〇ポがとろけそうだ……」

「英二さんのも、熱くて硬いわ！　このままでも、イッちゃいそう……」

もう一度キスしたあと、彼はゆったりしたスライドを開始し、エラの張ったカリ首が膣壁をこすり上げるたびに、快楽の火花が全身に飛び散りました。

「ああ、気持ちいいわぁ！」

「俺も、すごく気持ちいいよ！」

ベッドがギシギシときしみ、愛液が無尽蔵に垂れ滴りました。

結合がよりスムーズになると、英二さんは早いピッチのピストンに移り、私は再び絶頂に向かって昇りつめていきました。

はっきり覚えていないのですが、自分から激しく腰を打ち振り、恥骨を下から突き上げていたそうです。

スライドがトップスピードに入ると、私は高らかな嬌声を張りあげていました。

「ああ、イクっ、イッちゃう！」

「お、俺も、イキそうだよ……」

「イッて……中に出してっ‼」

「む、おおぉ……イクっ、イックぅっ！」

この背徳的な状況は、私たちを一匹の牡と牝に変えてしまったのだと思います。

こうして義弟の精液を膣奥に受け、私はこの世のものとは思えない絶頂を堪能しました。

不思議と後悔はなく、その一カ月後には酔ったフリをして英二さんを自ら呼び出し、濃厚なセックスで、精液をたっぷり搾り取ってあげたんです。

私たちは、道ならぬ関係をいまだに続けています。

夫への不満もすっかりなくなり、いまでは第二の青春を楽しんでいるんです。

〈第三章〉

血のつながった者同士の背徳の肉悦

両親の介護で訪れた懐かしい実家で無職未婚の実弟に無理やり犯され……

松下実里　専業主婦　五十一歳

弟と関係を持ってしまいました。夫のある身でほかの男性に肉体を預けるなんて許されることではなく、しかもただ不倫というだけではなく、相手は血の繋がった実の弟なのです。妻として姉として、いいえ、人として罪深いことでしょう。

きっかけは、八十歳をすぎた両親の食事の世話でした。母が体調を崩して毎日の家事ができなくなったのです。私は結婚してとっくに家を出ていますが、未婚の弟はずっと実家暮らしですから、ふつうに考えると弟が面倒をみるべきなのでしょう。

弟は一度もまともに職につかず、ずっと親の脛《すね》をかじって生きてきたようなものですから、いまこそ恩返しのときでもあるでしょう。

それでも、男手では手に余ると父から頼られては、知らぬ顔もできません。私は専業主婦ですし、二人の息子も成人して独立していますから、時間が作れないわけでもありませんでした。

夫とも話し合って、毎日の夕食を作りに実家に通うことになりました。夫には不自由をかけますが、食事は作り置いたものを温めて食べてもらうことにしました。

私は両親といっしょに食べ、あと片づけをしてから帰宅します。皿洗いくらいは弟に任せたいところですが、それもできないというので仕方ありません。父も母も私といっしょに食べることを、昔のようだと喜んでいるので、これも親孝行と割り切るしかありませんでした。

弟は食事を自室でとるので、いっしょには食べません。まさに上げ膳据え膳状態で、聞いてはいましたが、目《ま》の当たりにして見逃せず、私は説教の一つもしてやろうと思ったのです。

弟の部屋に入ったのは何十年振りでしたが、思春期のころと何も変わらず、趣味のガラクタが溢れていました。弟は説教に耳を傾けるどころか、私を突き飛ばしました。

その場に倒れ込んだ私のスカートが、めくれ上がりました。痛みをこらえて見上げると、弟は見開いた目で私の股間を凝視していました。私は怖くなってその場を立ち去り、二度と説教しようとはせず、それどころか弟に近づかないことにしたのです。

でも、あるとき、いつものように実家に行くと、両親は不在でした。揃って介護施設の体験入所に行ったそうで、食事も施設で出るから支度は必要ないとのことでした。なぜ前もって知らされていなかったかといぶかしむ私でしたが、どうやら弟の策略だったようです。両親には自分が伝えるからと言って、わざと私には黙っていたのです。

逃げ帰るわけにもいかず、弟のぶんだけでもとにかく食事の支度を始めた私でしたが、いきなり背後から抱きすくめられました。唇を奪われ、着衣の上から全身をもみしだかれて、悲鳴をあげる暇もありませんでした。

「だめ！　こんなこと、だめだから……」

やっとそれだけを言いましたが、抱きすくめる腕の力は強く、恐怖を感じさせるのに十分でした。いくら弟相手でも、毅然《きぜん》とした態度なんか取れません。全身が恐ろしさに震え、声は情けなく上擦っていました。

弱々しい拒絶は、弟の性欲を鎮めるどころかかえって嗜虐欲をそそり、火に油を注いでしまったようでした。弟はスカートの中に手を差し入れて、股間をわしづかみにしました。恥骨ごともみしだかれて、痛みと同時に嫌悪感が込み上げます。

「やめて！　いやだったら……」

力任せの愛撫とも言えない愛撫でしたが、それでも指先が女陰にふれれば、それなりの刺激はあります。

「あ、あんん……」

うれしいわけではありません。感じているのではなく、神経が刺激に反応している だけです。それでも、鼻にかかった喘ぎ声は甘さというか、媚《こび》を含んだものになって しまい、弟を誤解させることになったようです。

「エッチな声、出てんじゃん。姉ちゃん、これ、気持ちいいんだ？」

「ち、違う！　違うから……」

勝手に誤解して勝手に気をよくした弟は、調子に乗って、股間をさらにもみしだく のでした。それだけでなく、下着のすき間から指を差し入れてきたのです。

「うぅっ……」

女陰を直接さわられました。

「ほら、濡れてるじゃん」

我が意を得たりと、弟が嘲《あざけ》り混じりの口調で言います。

「違うんだったら……」

粘膜が濡れているのは普通のことで、受け入れているわけではないと、この弟にど うすればわからせることができるのか、皆目見当もつきませんでした。

弟は私のパンツを引きずりおろして、膣口に指を侵入させてきました。

「い、痛いぃ！」

強引な指挿入に激しい痛みを覚え、思わず叫んだ私を、弟が嘲笑《あざわら》いました。

「処女じゃあるまいし、何言ってんだよ」

ああ、弟のこの無知をどうすればいいのでしょう。処女だろうが経産婦だろうが、無理やり膣口を広げられれば痛いに決まっています。弟は、そんなこともわかっていないのでした。

思春期のころから外に出ず、社会と関わってこなかったからでしょう。風俗くらいは行ったことがあるのかもしれませんが、恋人がいたわけではなく、セックスの経験など、ほとんどないにちがいありません。

「ほら、気持ちいいんだろ？　感じてるんだろ？」

弟は無理やりねじ込んだ指先を奥へ奥へと進ませながら、膣内をぐりぐりとかき回しました。

「やめて！　ほんとうにやめて……」

愛液がにじみ出すのが自覚できました。それも単なる粘膜保護のための身体反応でしたが、弟を誤解させ、いい気にさせたことはまちがいありませんでした。やめさせなくてはいけません。これ以上、こんなことを許してはいけないと思いました。私は意を決して、弟を正面から睨《にら》みました。

「大きい声、出すからね！」

「そんなことをしたら、恥をかくのは姉ちゃんだぜ？」

そう言われて、へなへなと決意がなえるのを感じないわけにはいきませんでした。

住宅地ですから、大声をあげればご近所に知らせることはできるかもしれません。でも、それでどうなるでしょう。下半身をさらけ出して弟に性器をいじられている現場を、ご近所に見せるわけにはいきません。警察を呼んだとして、弟が逮捕されることにでもなれば、両親が悲しむに決まっています。

躊躇《ちゅうちょ》する私を見透かしたように、弟が勢いをつけて私を食卓に押し倒しました。スカートは完全にめくり上げられ、パンツも足先から抜き去られ、大股開きにされて、弟の目の前に生の股間がさらされました。

「ああ、いや……やめてぇ！」

再び弟は私の膣口を押し広げて、指を突っ込んできました。さらに、あろうことか、股間に顔を埋《うず》めて女陰にむしゃぶりついてきたのです。まさかこの年になって、クンニリングスされることになるとは思いませんでした。

「姉ちゃん、毛、剃ってないのかよ……パイパンのほうが、舐めやすいんだけどな」

ひどく屈辱的な言い草に、気がつくと私は泣いていました。涙と嗚咽《おえつ》が込み上げて止まりませんでした。

「姉ちゃんの旦那はなんにも言わないのか？　それとも毛深いのが好みなのか？」

夫とは息子が生まれて以来、二十年以上もずっとセックスレスですが、それをつらいと思ったことはありませんでした。それどころか、思春期からこっち私はずっと、いろんな局面で男たちの性的な興味の対象になることが苦痛で、中年になってそこから逃れることができて、ホッとしていたくらいだったのです。

そんな私の思いも知らずに、弟は嬉々として私の性器を舐めしゃぶりつづけました。その舌先が探り当てたクリトリスをいじり、さらに深々と挿入した指が膣内を所狭しと暴れ、膣内の肉襞がかき回されました。

「ああ、やめてぇ……」

そこに快感がないと言えば、嘘になります。私の体の奥のほうから、じわじわと妖しい感覚が生じてきたのです。それは否定しようのないことでした。

「ああ、あぁんんん……」

今度はさっきまでと違って、言いわけのしようもない、はっきりと媚を含んだ女の喘ぎ声でした。弟が調子に乗るのも無理はありません。弟の舌先は執拗《しつよう》にクリトリスをいじり、さらに唇全体で吸いついて、うっ血したクリトリスをダイレクトに激しく愛撫しました。痛いくらいの刺激でしたが、そこにもはっきりと快感がありました。

「ああ、気持ちいい……」

そう言ってから、後悔しました。そんなことを口走ってしまうなんて、自分でも想定外すぎてびっくりしました。

「姉ちゃん、やっぱりスケべだな。じゃあもっと、気持ちよくしてやらないとな」

弟が嘲るように言って、ほくそ笑みました。

「ち、違う……」

いまさらそんなことを言っても、一度口を出てしまった言葉はなかったことにはできません。それどころか、いまもまた、弟の舌技指技に合わせて、腰をうねらせくねらせているのです。

何を言っても、言いわけにしかなりません。びくびくと腰が跳ね、はからずも弟の顔面に、股間をぶつけるような動きを繰り返してしまっているのですから。

「もう、好きにして……」

観念するしかありませんでした。とにかく弟の好きにさせて、欲望を吐き出させてしまうしかありません。まさか命まで取られはしないでしょう。ほんのわずかな時間、私一人が耐えればそれですむこと。

でも、話はそう簡単なことではなかったのです。私は行為を通して、自分の快感と向き合うことになりました。それは、軽く受け流せるものではありませんでした。

「じゃあ、好きにさせてもらおうかな」

私の合意を得た弟は、自分もズボンとパンツを脱いで、勃起したペニスをさらしました。その醜悪な肉塊に嫌悪感をかき立てられ、私は思わず目をそむけました。

限界まで大股開きさせられた股間に、弟が下腹部を押しつけます。そして、ペニスが膣口を押し広げて、私の中に侵入してきました。

「ひぃいぃぁあああ！」

ずっと何物も侵入することなく平穏に閉じていた肉の扉が、無理やりこじ開けられたのです。狭まっていたであろう肉の通路も大きく押し広げられ、貫かれました。

肉体改造の大きな衝撃とともに、凄まじい快感が全身を駆け抜けました。それは、正気を失わせるのに十分なものでした。

「ひい、あぁあ！　す、すごい……」

思わず口走った私の言葉を、弟が聞きとがめます。

「すごいってなんだよ。何がすごいんだ？　すごく何なんだ？」

そう問いながら弟が腰を引き、ペニスがまた違う感覚で膣内を刺激しました。

「あぁあああ！」

その快感もまた強烈なものではありましたが、ペニスが膣道を押し広げる圧迫感から逃れられるかと、ホッとせずにはいられませんでした。でもひと息つけたのも束の間、すぐに再びペニスが深々と突っ込まれ、再び肉のトンネルが許容質量をはるかに超える侵入物に押し広げられます。

肉の圧迫感が、私の肉体と精神を破壊しようとしていました。そこにある恐怖は、まるで死の恐怖に近いものでした。

「なあ、姉ちゃん、教えてくれよ。すごく何なんだよ？」

弟が重ねて問いかけます。何を言わせたいかは想像できました。

「すごく……」

屈辱的でした。そんな言葉は言いたくありませんでした。弟が私の反応を観察しながら、また腰を引き、そして突き入れました。

「ああ、それ！　その動き……」

弟は引いたり突いたりの、ピストン運動を繰り返します。往復するたびに全身を駆け抜ける快感を、私はそれ以上受け流すことはできませんでした。ほんとうに感電してしまったように、頭の芯までしびれていました。

「すごく……気持ち、いい！」

とうとう、そう言ってしまいました。屈辱にまた涙が溢れましたが、それ以上自分を偽《いつわ》ることはできませんでした。ほんとうに気持ちよかったのです。

生まれてから、味わったことがないような快感でした。そもそも、自分の肉体にそのような性感神経が備わっていたとは、思ってもみませんでした。

気がつくと私は、食卓の上で弟のピストンに合わせて自分でも腰を振っていました。少しでも深く、奥までペニスを呑み込めるように、少しでも膣内の敏感なところがこすれるようにです。

「ああ、それがイイの、そこが気持ちいいの！　ああ、もっと、もっとして！」

まさか自分が、そんな言葉を口にするなんて。そんなことは、夫との行為でも言ったことはありませんでした。そもそも夫との行為で、我を失うほどの快感を感じたことなんてなかったのです。

そこに不満や疑問を感じたこともありません。そういうものだと思っていました。

弟が私の上半身を起こさせ、尻を抱えて私を持ち上げました。そのままリビングのソファに深く腰かけた弟の、膝の上に座るような格好になりました。

「ほら、姉ちゃんが動くんだよ」

言われるまでもなく、すでに私は腰をくねらせていました。正常位以外のセックスは初めての体験でしたが、この体位だと食卓の上の正常位よりも、ずっと深く挿入できることに、私はすぐに気づきました。

「ああ、これもイイ、これすごい！　これ、深いの、気持ちいいの！」

私は大股開きの相撲取りがシコを踏むような体勢で、尻を振ってピストンを始めていました。

「ああ、すごい、すごいの！　こ、こんなの初めてぇ！」

どうしてそんなに感じてしまうのか、自分でも見当がつきませんでした。弟との体の相性がよかった、ということなのでしょうか。それとも、義務としての子作りセックス以外は、性的なことを遠ざけて生きてきた私が、自分でも知らないうちに性感神経を発達させていたとか、そういうことなのでしょうか。

まるで人生が否定された気分でした。私は自分の肉体に裏切られたのです。あるいは、肉欲をないがしろにしてきた私が、肉体を裏切って生きてきたのでしょうか。これは肉体からの復讐なのでしょうか。私は罰を受けているのでしょうか。とにかく、目の前の快楽から、背を向けることはできませんでした。

私は弟のペニスを膣内深く呑み込んで、尻を振り立て続けました。快楽をむさぼりました。弟が私を抱き寄せて胸に顔を埋めました。乳房を握りつぶすようにもみしだき、乳首に吸いつきました。乱暴なばかりで、愛撫とも呼べない愛撫は痛いくらいでしたが、その痛みさえもすでに私には快感なのでした。

「ああ、もっと強くして！　もっと激しくして！」

どんな感覚も、脳が勝手に快感に変換してしまうかのようでした。快感は青天井に高まりつづけ、頭の中がしびれて、もう何も考えられませんでした。

「ああ、なんだか、変なの！　どうにかなっちゃいそうなの！」

混乱して半狂乱になった私の耳に、弟の声が聞こえました。

「イキたいんだろ？　イケばいいんだよ！　姉ちゃん、イケよ！」

ああ、そうなのか、と思いました。私はイクのか。これがイクということなのか。性的な絶頂というものがあることは知っていましたが、もちろん経験したことはありませんでした。

「ああ、ひぃいいい。あぁあああ！　そんなの……でも、怖い、怖いよ……イクと、どうなっちゃうの？」

全身がびくびくと痙攣し、意識を保つのがやっとでした。それでも下半身は、意志を持った別の生き物みたいに激しくうねり、尻を振り立ててピストンを続けているのでした。

暴れ馬に跨《また》がって、振り落とされないようにするのがやっとの騎手みたいに、私は自分の下半身の暴走に、なす術《すべ》もありませんでした。まるで、性器と快楽の奴隷でした。

「いいから、何も考えずにイケばいいんだよ。ほら姉ちゃん、イケよ！　俺がイカせてやるから！」

ヨガリ声はほとんど絶叫の域で、絶対にご近所に聞こえてしまっているに違いないくらいの大声で喚《わめ》きつづける私でしたが、耳元でささやく弟の声は、不思議と聞き取ることができました。それは、天啓のように頭の中に響きました。

「ああああっ！」

次の瞬間、頭の中で閃光がスパークしました。

頭の中も視界も真っ白になりました。私は背筋をピンと伸ばしたまま、棒でも呑み込んだみたいに固まりました。呼吸は完全に止まり、錯覚かもしれませんが、心拍さえ止まったような気がしました。

そのまま何秒か、何分か、まさか何時間、ということはないのでしょうが、体感的には一瞬のようにも永遠のようにも思える空白の時間があって、それから私は大きく深呼吸しました。

肺から取り入れられた酸素が、血管を伝わり脳にまで届くのが知覚できました。後退した現実感がゆっくりと元に戻り、真っ白だった視界にも色が戻ってきました。

気がつくと私はソファに寝かされていて、目の前に心配そうにのぞき込む弟の顔がありました。

「すごいイキ方だったな……姉ちゃんは、やっぱりすごいよ」

バカにしているのかほんとうに感心しているのか、弟はそんなふうに言いました。

私はなんとこたえていいかわからず、そのまま口ごもっていました。身を起こそうとしても腰が抜けたように立ち上がることができず、下半身はしびれたままで、性器もまだ鬱血《うっけつ》して脈打っていました。

「服を、取って……」

やっと、それだけは言えました。脱がされたのか自分で脱いだのか、私は全裸で、床に衣類が散らばっていました。弟は立ち上がりましたが、服を拾ってくれるつもりではありませんでした。

「姉ちゃんはイケたんだろうけど、俺はまだなんだよね……」

私の目の前に突き出されたペニスは、確かにまだ勃起したままでした。節くれ立った肉塊に滴る私の体液が、電灯に照らされて光っていました。またこれを突っ込まれてしまうのかと、私は震え上がりました。これ以上肉体をかき回されたら、今度こそどうにかなってしまうに決まっています。

私は本気で恐怖しました。弟にも私の恐怖が伝わったようでした。

「じゃあ、口でイカせてくれよ……フェラチオくらいできるだろ?」

もちろん私にとっては初めてのことでしたが、嫌悪感を感じていたはずの陰茎がなんとなくいとしく思え、そんな自分に驚きながら、私はペニスに手を伸ばしました。けして上手くはなかったでしょうが、弟の指示に従ってなんとか射精に導くことができました。初めて舌で味わう精液の味は苦く喉に絡まりましたが、その不快感にさえ、自分の性器が反応して新たな愛液をにじませるのを、止めることはできませんでした。ほんとうに私は、どうしてしまったのでしょうか。

弟とこんなことになってしまって、夫にも両親にも息子たちにも、また世間にも顔向けできません。それでも、知ってしまったこの快楽を手放す気にはなれず、弟に求められるたびに熟れた体を開いてしまう私なのです。

単身赴任でやってきた娘婿の凶暴なオチ○ポで眠っていた牝の淫欲が甦り

工藤信子　無職　五十二歳

五年前に主人を亡くし、現在は長年住んだ家を売って、小さな平屋の一軒家で一人暮らしをしている五十二歳の女です。所在は山陰地方の特に見るところもない田舎の町で、計画どおりにリニアが通れば少しは賑《にぎ》やかになるのかもしれませんが、とうの昔に家を出た一人娘の由佳《ゆか》は、結婚して他県のアパートに暮らしています。

由佳の夫で、私にとっては義息にあたる裕司《ゆうじ》君が、単身赴任のかたちでうちに来たいと言ってきたのは、実際に住むことになるわずか十日前のことでした。

建築現場で働く彼の職場が私の家に近くになるということで、週末を除いた週に五日を、うちから通いたいというのです。

期間は半年ほどだと言われ、すぐには返事ができませんでした。

というのも、裕司君とは結婚式の前後に少し話したことがある程度で、つきあいといえるつきあいも、ほとんどなかったのです。とはいえ、娘夫婦には三歳の子どもがおり、身動きがとりにくいことや金銭的な余裕もないだろうことを考えれば、とても断わることはできませんでした。

まだ二十四歳の裕司君は娘より五つ年下で、見た目からして十代のヤンチャさを残している、いわゆる不良上がりでした。娘にもそれなりに手を焼かされましたから、お似合いといえばお似合いでしたし、よくは知らないにしても、人としてイヤだと思っていたわけではありません。

実際、仕事はよくがんばっていて近く昇進もするそうで、いざ私が同居を許して単身赴任が始まってみれば、何かにつけて粗雑な彼にあきれながらも、応援してあげたいという気持ちには、すぐになることができました。

背は高くないものの、肉体労働者らしく逞しい体をしている裕司君は、金色に染めた髪をいつもボサボサにしていて、その男くさい見た目どおり、遠慮というものがありませんでした。

彼が入ったあとのお風呂のお湯はいつも真っ黒で、湯につかる前に体を洗うようにと何度言っても直そうとしませんし、私のことを「信子《のぶこ》ちゃん」と呼び、帰ってくるなり「信子ちゃん、今日の飯なに？」とか「風呂沸いてるの？」とか「ごはんおかわり、最初から山盛りにしといてよ」などなど、とにかく我が物顔なのです。

こうなると、私としては不出来な息子を育てているような気分で、何となく母性をくすぐられるというか、いっそのことその不出来なところをかわいいと思ったほうが、楽になる気がしてくるのでした。

ですから、二人暮らしが始まって一週間もするころには、どうにかこうにか互いのリズムもできはじめ、これなら何とかやっていけそうだという手ごたえを得てはいたのですが……そんな矢先に、思ってもいなかった事件が起きたのです。


いつも十九時くらいに帰ってくる裕司君が、その夜は二十一時になっても帰宅しませんでした。どうしたのだろうと思いながら先にお風呂に入り、器に盛りつけてあった料理を鍋に戻して心配しながら待っていると、顔を腫らしてあちこちに傷を作った裕司君が、フラフラとしたおぼつかない足取りで玄関から入ってきました。

「ちょっと、どうしたの!?」

びっくりして駆け寄ると、裕司君は「酔っただけだよ」とうるさそうに私の手を払い、続けて「気にくわないヤツがいたから、ぶっ飛ばしてやったんだ」とつけ加えました。唇の端が切れていて、目の上にはたんこぶがあり、Tシャツが裂けていました。

「すぐ手当てするから！　体を見せてみなさい！」

私は一部に血のついている彼のTシャツを、脱がせようとしました。そのとたん、裕司君が「ほっとけ！」と乱暴に身を捩《ねじ》ったので、Tシャツのすそに指をひっかけていた私は、つんのめるようにして前に倒れてしまいました。

このとき、私はお風呂上りのままのバスローブ姿でした。髪の毛もまだ濡れていて、このあとで全身にクリームを塗るつもりだったので、下着もつけていませんでした。

クリームは裕司君がいるから塗っているのではなく、若いころからずっと続けている私の習慣でした。おかげで五十を過ぎたいまでも肌についてはよく褒められ、自分で言うのは気がひけますが、女優の三浦理恵子《みうらりえこ》さんをふっくらさせた感じだと、よく言われていました。

床に手をついた私は、バスローブがはだけて太ももがつけ根近くまで露《あらわ》になってしまっているのに気づき、サッとすそを直しました。もしかすると、そのあわてたような性急さが、彼を刺激してしまったのかもしれません。一瞬、ハッとしたように体の動きを止めた裕司君が、いきなり私に抱きつくようにしておおい被さってきました。

「えっ……ああっ！」

畳の上へ組み敷かれるなり、バスローブの前を大きく開かれ、私はギョッとして声をあげました。

「ちょっと、何……ああっ、裕司君？」

見上げると、裕司君は目をギラギラさせていて、全身から血と汗とお酒の匂いを、ムンムンと発散させていました。

そこからはもう、滅茶苦茶でした。逃げ出そうにもすごい力で押さえつけられ、乳房をつかまれ、首筋を噛まれ、口を吸われて……。

つけっぱなしのテレビから笑い声が聞こえている中、ハアハアという二人の息づかいが重なり、私はあおむけのまま裕司君に犯されていました。

まるで戦車のような勢いで腰を激しく叩きつけられ、体がズルズルと頭のほうへすべっていって、肩が台所と居間の境にある柱に当たりました。

限界まで開かされた脚を持たれてこちら側へ押すようにされ、台所の天井と私の顔の間で、爪先が大きく揺れていました。

私も裕司君も言葉を発さず、テレビから聞こえてくる声だけが、部屋の中を駆け回っていました。このとき、自分がどんな顔をしていたのか、何を考えていたのか、何も覚えていません。ただ傷だらけの裕司君の怒ったような顔と、揺れている自分の爪先の記憶しか残っていないのです。

思い出すことができるのは事が終わったあと、裕司君が言いわけをするように「よそで浮気するよりいいだろ」と言ったことと、私が「由佳には絶対言わないで」と頼んだのに対して「あたり前だろ！」と、彼がふてくされたように言いながら、タバコに火をつけたことくらいです。

二人の生活は半年間も続く予定なのに、たった一週間そこそこで、こんなとんでもない事態に陥《おちい》ってしまったのでした。

この日を境に、裕司君はまるであたり前のように私を求めてくるようになりました。

もちろん、私の中には娘に合わせる顔がないという罪悪感も、こんなことを続けていていいわけがないという理性もありました。でも、どれだけ抵抗したところで、結局はかないっこないのです。

二度目に抱かれたのは、すぐ翌日のことでした。

帰宅した裕司君が、持っていたバッグを乱暴に床へ放り投げたとき、あやうい気配を察した私は、もう居間から逃げ出していました。

逃げるといっても、居間の隣の寝室に閉じこもるだけのことですが、裕司君は閉じたドアに体当たりをして、無理やり中へ入ってくると、床に敷いてあった布団に私を押し倒しました。

「イヤッ……や、やめて！」

私は裕司君の胸を何度も叩いて抵抗しました。それでも彼はまったく構わず、私の着ていた麻のワンピースを、強引に剝ぎ取ろうとしてきました。

胸のボタンが弾け飛び、ブラジャーをむしり取られました。そのまま乳房に吸いついてこられながらすそをまくられ、ショーツの上から性器を撫で回されました。

フウフウと荒い息を吐く裕司君からは土と汗と埃の匂いがしていて、それこそケダモノのそのものでした。

「どうして、こんなことするの!?」

必死に身を捩りながら私が叫ぶと、裕司君が「オレ、溜まってると何もかもがダメになるんだよ……頼むよ」と思いのほか神妙な声で言い、私が何か言いかけるなり、唇に唇を合わせてきました。

「ンンッ！」

舌を強く吸われるのと同時に、ショーツの中へ裕司君の手が入ってきました。

感じていなかったと言ったら、噓になります。私のそこは恥ずかしくなるほど濡れていて、指がすべり込んできたとたん、全身の力が抜けました。

主人を亡くしたときはまだ女盛《ざか》りのころでしたし、五十歳を過ぎたいまでも、一人で自分を慰《なぐさ》めなければならない夜がありました。言いわけではないのですが、こんなふうに力づくで裸にされ、興奮を露に舌や指で全身をなぶられていたら、心はともかく体が反応してしまうのは、仕方のないことだったのです。

足を開かされて裕司君に性器を舐められ、乳房を乱暴につかまれたり、あちこちに歯を立てられたりしているうち、気がつくと声すら抑えられなくなっていました。

「……だ、ダメッ……あぁっ……」

裕司君は「もっと気持ちよくしてやるよ！　嫌いじゃないんだろ？」と私をなだめるように言い、今度は膣の中にまで指を差し入れてきました。

「ひっ……ま、待って！」

これから自分がどれほど乱れてしまうことになるのか、とても想像できませんでした。指を少し動かされただけでたちまち絶頂してしまいそうになり、ともすれば、こちらからねだっているかのように、腰を動かしてしまうのです。

裕司君が指を抜き差ししながら顔を私の耳元に持ってきて、「仲よくしようよ……信子ちゃんの顔と体、前からオレの好みだったんだよ」と、熱っぽくささやきかけてきました。それは義母と義息という関係を思えば、あまりにも非常識な言葉でした。

でも、もともと常識のかけらもないような彼に言われると、むしろまっすぐに胸の奥まで沁み込んでくるようでした。

「あぁあっ……い、イイッ！」

膣の中を刺激されながら乳首や腋の下までねぶられたあと、私は四つん這いの格好にさせられました。いえ、裕司君の求めに応じて、自分からそうしていたのです。

「今日は、たっぷりヤろうな……」

そう言うなり、裕司君が後ろから一気に奥まで入ってきました。私はシーツをつかんでお尻を突き上げ、彼の激しい腰づかいに頭の中を真っ白にして喘ぎ悶《もだ》えました。

何年間も淋しさをかこってきた体が怖いほど熱くなり、脂汗が噴き出して、自分の意思とは関係なく、ブルブルとわななきました。

裕司君が私を抱き締めたまま後ろへ倒れていき、背面騎乗位の体勢になると、私は我知らず腰を弾ませていました。彼のモノは信じられないほど硬くそり返っていて、膣壁や子宮口を、グリグリと容赦なくなぞったり、突いてきたりしました。

「めっちゃヌルヌルしてるよ、信子ちゃん！」

「あぁだめ、イクッ……イクッ！　イクイクイクイクーッ！」

不意にオルガスムスの波が訪れ、私はのけぞりながら絶頂に達しました。ですが、彼は止まりませんでした。それどころか横臥位、正常位へと体位を替えつつ、延々と私を責め立ててきたのです。

ようやく彼が満足したのは、私が布団に押し倒されてから、三時間近くも経《た》ったころでした。私は文字どおり精も根も尽き果てたようなありさまで、しばらくしてから料理を温め直すときにも、まだ膝が震えだしてしまうほどでした。

毎晩というわけではないにせよ、裕司君が気分次第で私を抱くということと、一度そうなったら、私は身も世もなく感じ悶えるばかりになるということは、ほとんど規定のことになりました。

彼を仕事に送り出し、家事をして帰りを待って、夜は二日に一度は抱かれる……それは、夫婦生活そのものでした。

気持ちの整理が、できていたわけではありません。それでも生活のリズムの中でいろいろなことがあたり前になっていくと、たとえば彼に言われるまま口の中で精液を出させたり、台所へビールを取りにきた彼が洗い物をしている私をついでのように立ったまま貫いたり、いっしょにお風呂に入ってそこで交わったりというような、どこかおざなりというのか、日常に埋没したような性の営《いとな》みを、自然に受け入れている自分がいました。

単に慣れたというばかりではなく、現に続いているそうした生活を維持したいような、守っていきたいような気持ちすら、わいてきていたのでした。

「次の週末は三連休だから……」

ある日、裕司君にそう言われた私は、ギュッと胸を締めつけられるような気分になりました。

もともと、土日になると彼は本来の家に帰っていたのです。そのたびに、この家は彼にとって仮の住まいでしかないのだという事実を、しみじみと噛み締めないではいられませんでした。それが三連休となると……由佳と会った彼が、どんなに濃密な時間を過ごすのか、考えただけで淋しくなってしまいました。

彼とのこうした生活が始まって以来、私の肌艶《はだつや》は目に見えてよくなりました。精神的にも張りが出て、知り合いからは「どうしちゃったの？　急に若返ったみたい」と、使っているスキンケア用品について問いただされたりしました。

もちろん本当のことは言えませんでしたが、私は確かにうきうきとしていました。自慢したいような気さえして、笑顔になるのをこらえられませんでした。

そして、あれはつい先週のことです。

日中に電話があり、「次の週末はこっちから遊びにいくよ」と、由佳が孫を連れてうちへ泊まりにくることになりました。孫に会えるのは私にとってこの上なく楽しみなことですから、もちろん大歓迎でした。

土曜日に二人が車で到着すると、その日は一日、孫の相手をしたり娘の近況を聞いたりして、久しぶりにお婆ちゃんとしての充実した時間を過ごしました。また、裕司君との関係が疑われていないことを知って、深く安心することもできました。

ただ、夜になって孫が先に眠り、裕司君の晩酌もすんで、娘夫婦がいつも裕司君が使っている客間に消えてしまうと、私にとっては複雑な気持ちのする時間が訪れたのです。

きっとそうなるだろうとは思っていましたが、客間から洩れ聞こえてくる話し声が消えて少しすると、壁越しに二人の愛し合う気配が伝わってきたのです。

私は一人、布団の中で悶々《もんもん》と身を焦がしていました。

ただでさえ週末は裕司君に抱いてもらえないため、いつも体が淋しくなってしまいます。そこへもって、一枚を隔てたすぐ隣の部屋で、娘が彼に抱かれているのです。

私にはその生々しい光景が、目に見えるようでした。

むさぼるように乳房をねぶり、無骨なのに器用な指づかいで膣の中をかき回し、叩きつけるように腰を動かす、裕司君のケダモノのようなセックスが……。

初めて裕司君に犯されたときには、こんな日が来るなんて想像もできませんでした。

でも、このときの私は、はっきりと娘に嫉妬《しっと》していました。

あの逞しい体に組み敷かれ、思うままに嬲《なぶ》られ、何度果てても許してもらえずに、延々と責め立てられて、喘ぎ悶えているであろう我が娘に……。

気がつくと、私は自分の手で乳房を痛いほどにもみしだき、乳首をつねり、ショーツの中に手を入れて、性器に指を立てていました。

かすかに洩れ聞こえてくる娘の嗚咽《おえつ》に耳を澄ませ、そこからうかがえる彼の腰のリズムに合わせて、自分を責め立てました。

初めはあおむけでしていましたが、途中からはうつぶせになり、後ろから貫かれている気分で指を抜き差ししました。

口が淋しくなり、枕元にあった化粧水の瓶を咥えて舌を絡めたあと、ふと思いついて、それを性器に突っ込みました。裕司君の熱いそれとは違う、冷たい瓶に哀しくなりながら、それでも膣でそれを食い締め、自分の体温で温めました。

あぁ、欲しい……私のここにも、裕司君に入ってきてほしい……いつものように滅茶苦茶に、気が狂いそうになるほど犯してほしい！

つい喘ぎ声を洩らしそうになり、私はあわてて枕を噛みました。そして枕カバーを唾液でベチャベチャにしながら、小刻みな絶頂を味わいました。

それは快感ではありましたが、やはり本当に抱いてもらうのとは違います。ひとしきり果てて、もうこれ以上はどうしようもないと悟った私は、すねたように布団をかぶって無理やり眠りにつきました。


寝苦しい夜が明け、日曜日になると、夕方前に孫と由佳が帰っていきました。もっと孫の顔を見ていたかったという気持ちもあるのですが、いざ見送りをすませてしまうと、気になるのは裕司君のことばかりになりました。

「お腹すいてない？」

二人きりになったのが久しぶりのような気がして、とにかく沈黙を埋めたくなり、テレビを見ながらタバコを吸い出した裕司君に聞きました。

「さっき食ったばっかじゃん。信子ちゃん、もう腹減ったの？」

「ううん……私はいいんだけど……」

裕司君が煙を吐きながら「おや？」という顔で私を見て「あー、ビール飲みたいな。信子ちゃんも飲めよ」と、股間をボリボリかきながら言いました。

その相変わらずの様子にホッとした私は、冷蔵庫からビールの大瓶を取り出し、盆にグラスを二つ載せて居間へ行きました。

「アテはいい？　キュウリあるけど」

「ああ、いらねぇ、これでもつまむわ」

裕司君がおどけた仕草で、私の胸をつかんできました。私は思わず「あんっ」と鼻にかかった声をあげて、盆を落としそうになりました。

私の一連の様子から何かを察したらしい裕司君が、盆をとってテーブルに置き、そのついでという感じで、スッとスカートの中に手を入れてきました。

畳に正座したところだった私は、軽く膝を開いたまま下唇を噛んでうつむきました。

「こんなに濡らしてよお……ついさっきまで、娘と孫がいたんだぜ？」

ショーツの上から性器をくすぐられ、私は耐えきれず彼の下腹に手を伸ばしました。

「夕べのこと、気にしてんのか？」

図星を指されて、カアッと顔が熱くなりました。

私は恥ずかしさをごまかすように前屈みになると、裕司君がはいていたモモヒキの前の窓を開けて、彼のモノをつかみ出しました。

それはすでに、硬くそり返っていました。すぐに口に含んで舌を絡めると、裕司君が「仕方ねぇだろ、夫婦なんだから。そりゃ、久しぶりに会ったらヤルよ」と、私の頭を撫でました。

　別に気にしてなんか……と嘘をつく代わりに、私は強く吸い立てました。

「へへっ、信子ちゃんも好きだねぇ……」

　そう言った裕司君が、自分でビールをグラスに注ぎ、グビッと嚥下《えんか》する音が聞こえました。

「あいつらまだ高速に乗ってないころだな。忘れ物かなんかして、戻ってきたらどうすんだよ」

　確かにそのとおりでしたが、もうそんな心配も私を止めることはできませんでした。

　裕司君がまたひと口ビールを飲み、フェラチオをしながら自分で服を脱ぎはじめた私の顔を上げさせて、「いいぜ、信子ちゃんもたっぷりヤッてやるよ」と、私をあおむけに押し倒してきました。

「ああっ、して！　いっぱいして！」

「わかってるって……」

　ショーツを一気に剝ぎ取られ、「前戯はいらねぇな」と、無造作にアレを突っ込まれました。私はカエルのように脚を開いたまま、畳に爪を立てました。

こんなに気持ちいいことを、いまさらしないようにするなんて……とてもできないとあらためて思いました。

「うんっ……イイッ！　もっと来て、もっと……もっと激しく！」

畳を引っかきながら言い、骨盤をクイクイといやらしく傾けました。

「オレもスケベなお義母さんとヤルの、好きだぜ。今日もいっぱい注いでやるからな！」

「あぁっ、ちょうだい！　いっぱい注いで……信子の中に全部出して！」

娘の夫に何を言っているんだろうというような反省は、もうありませんでした。裕司君がうちに来るまでは忘れかけていたことですが、きっと女の体は、もともとそういうふうにできているのだと思います。

三年前に閉経し、生理のなくなっていた私は、初めてのときから裕司君の精液を膣に受け止めていました。そういうことを繰り返すうち、肌は艶めき、精神的にも満ち足りて、どうしようもなく裕司君への愛情を深めるようになりました。それは一言で言って、幸せそのものだったのです。

「ほら出すぞ……ホラホラホラッ！」

「ああっ、あぁっ……奥にちょうだい……お、お願いっ……欲しいの！」

「ようし、出るぞ、出るぞ……うあぁっ、出るっ！」

切羽詰まった裕司君の声を聞きながら、私は幸せの絶頂を噛み締めて叫び、放たれた熱いそれを、体の中心に浴びました。

そうしてまたいつものように、体位を替えてさらに激しく責め抜かれ、二度、三度と繰り返し、中に出してもらったのです。


あの日、由佳が孫をつれて遊びにきたのは、先週で裕司君の単身赴任期間がちょうど半分に差しかかったからでした。つまり、残りはもう三カ月ほどしかないのです。

正直、終わってしまうのが怖くて仕方がありません。

もちろん、いくら快楽に溺れているからといって理性は理性としてまだありますし、けっしてバカなことを考えているわけではありません。でも、また一人になったら、どうやってこの体を慰《なぐさ》めればいいのでしょう……。

聞くところによると、世の中には年配者同士の出逢いの場もあるそうで、夫を亡くしたときには考えてもいなかった再婚について、真剣に吟味《ぎんみ》している自分がいます。

こんな私は、罪深い女なのでしょうか……。

最低の浮気夫に愛想を尽かした私は同居するダンディーな義父を誘惑して

吉岡奈々子　主婦　四十四歳

私は夫と、すでに定年退職している七十代の夫の父親との、三人暮らしです。

結婚して十五年、子宝に恵まれないながらも、私と夫は夫婦仲よく過ごしてきたのですが、風向きが変わったのは半年ほど前からでした。

夫が、仕事が忙しいと言って毎日帰りが遅くなり、週に二回は外泊するようになったのです。どうやら、女ができたらしいんです。

「会社の仮眠室に泊まってるんだよ。仕事が終わらないんだから、しょうがないだろ」

外泊について私が問いただすと夫はそう言うのですが、本当は愛人のところに泊まっているというのはわかっているんです。

いまでは夫の顔を見るのもいやで、どうせなら帰ってこないほうが、うれしかったりするぐらいです。

離婚についても真剣に考えましたが、ほとんど働いた経験のない私は、もしも離婚したら生活していけないという思いがあるため、いまの生活にしがみつくしかないのでした。

夫が留守がちなために、最近ではほとんどお義父《とう》さんと二人暮らしのようなものでした。

お義父さんも夫の浮気について気づいているようですが、自分も若いころに浮気で奥さんと夫に苦労をかけたことがあるために、強くは言えないようなんです。

それでも、私のことは不憫《ふびん》に思っているのか、とても優しく接してくれます。狭い世界で生きている私には、お義父さんの優しさはとてもうれしくて、いつしかお義父さんに対して、恋愛感情に近いものを持ちはじめてしまったんです。

お義父さんは七十代ですが、昔、剣道をやっていたからか姿勢がよくて、まだまだ現役の男って感じの魅力が溢れているんです。

そんなお義父さんですが、やはり自分で思っているよりもずっと体力が落ちているようで、ある日、蛍光灯を交換しようとして、脚立の上から落ちてしまったんです。

「お義父さん、大丈夫ですか⁉」

私はあわてて駆け寄って、声をかけました。

「ああ、大丈夫だよ。だけど、腰を打ってしまったようだ。情けないなあ、脚立から落ちちゃうなんて……」

お義父さんは腰を押さえて、起き上がることができません。

「無理しないでください。ここに布団を敷いてあげますから、しばらく横になってたほうがいいわ……」

ちょうどそこはお義父さんが寝室として使っている部屋だったので、私は大急ぎで布団を敷いてあげました。

そして、お義父さんを抱きかかえるようにして布団の上に移動させてあげたんです。

お義父さんの体にさわったのは初めてでした。だけどそのとき、私は体の奥がムズムズするような感覚に襲われたんです。お義父さんのことを、初めて男として意識したというか……。

その日、夫から電話がかかってきました。

『仕事が終わらないから、今夜は会社に泊まるよ』

いつもだったら、また女のところに泊まるのねと、心を乱れさせたはずですが、その日は「ご苦労様。あんまり無理をしないでね」なんて優しい言葉をかけてしまったんです。

それはもちろん、お義父さんと二人で過ごしたい思いがあったからです。

というのも、お義父さんの体にふれてから、私の体の奥のムズムズは収まるどころか、どんどんひどくなっていき、もうお義父さんのこと以外、なにも考えられなくなっていたのでした。

夜、お風呂に入って体の隅々まできれいにしてから、私はお義父さんの部屋を訪ねました。

「お義父さん、腰の具合はどうですか?」

布団に横になったままテレビを見ていたお義父さんは、私のほうに顔を向けて、いつもの優しい笑顔で言いました。

「ありがとう。奈々子《ななこ》さんのおかげで、だいぶよくなったよ」

そして自分の回復ぶりをアピールするように、体を起こそうとするんです。

「あっ、ダメですよ、無理しないで、横になっててください」

「そうかい。奈々子さんが、そう言うなら……」

お義父さんは、また布団の上に横になりました。

二人の間に微妙な沈黙が流れました。相手は夫の父親です。その人に特別な感情を抱くなど、許されることではありません。

でも、欲求不満と夫の浮気への怒りが、私にそのタブーを犯させてしまうのです。

私は、今日一日ずっと考えていた言葉を口に出しました。

「寝る前に、少し腰のあたりをほぐしておいたほうがいいと思うんで、マッサージしてあげますよ。ちょっとうつぶせになってもらえますか？」

「そうかい。じゃあ、お願いしようかね……」

私の決意などまったく気づくことなく、お義父さんは「よっこらしょ」と、呑気に言いながら、布団の上にうつぶせになってくれました。

私はその横に座り、パジャマの上から両手でお義父さんの腰をさすりはじめました。

すると昼間、お義父さんの体にさわったときからずっと燻《くすぶ》っていた火種が、一気に燃え上がり、全身が熱くなってきたんです。

私は両手で、お義父さんの腰を優しくもみほぐしつづけました。

「奈々子さん、息が荒くなってるけど、大丈夫か？　そんなに無理をしなくてもいいよ。だいぶ楽になったから、今夜はこれぐらいでいいよ……」

お義父さんは私の変化を感じ取ったのか、少しよそよそしい態度で、そんなことを言うんです。

「ダメですよ。お義父さんはもうご高齢なんですから、しっかりほぐしておかないと。

明日になったら、起き上がれないなんてことになってるかもしれませんよ……」

「そうだね……このまま寝たきりになったりなんかしたら、奈々子さんにも迷惑をかけてしまうからね」

「じゃあ、今度はお腹のほうからもほぐしてあげますから、ちょっとあおむけになってください」

「お腹のほう……？」

「そうですよ。腰痛は背中ばっかりほぐしててもダメなんです……」

私が適当に言った言葉を信じたのかどうなのか、少し釈然としない顔をしながら、お義父さんは素直にあおむけになってくれました。

「はあっ……」

私は思わず、短く声を洩らしてしまいました。お義父さんのパジャマの股間部分が、こんもりと盛り上がっているんです。それはあきらかに、勃起しているようです。

お義父さんから見たら、四十四歳の私は、まだまだ十分に性の対象になる女なんでしょう。

お義父さんは少し気まずそうに顔をそむけていますが、それでも素直に横になりつづけています。それはきっと、さらなるマッサージを期待してのことです。

そのことがうれしくて、私はお義父さんへのマッサージを再開しました。まずは、太もものつけ根を入念にもみほぐしてあげました。

「そ……そんなところを？」

「歳を取ると股関節が硬くなってきて、それが腰痛の原因になるんですよ」

もちろんそれも適当に言っただけですが、お義父さんは「そうなんだ……奈々子さんは物知りだね」と、感心してくれました。

そして私は、いわゆる鼠径部を優しくさすりつづけたんです。

するとパジャマの股間部分のふくらみが、さらに強調されました。もう勃起したペニスの形が、完全に浮き出ているんです。

お義父さんもそのことには気づいているはずですが、特になにも言いません。素知らぬ顔で、天井を見つめているんです。

自分の息子の嫁である私に欲情していることを隠したい気持ちと、もっと際どい場所をマッサージしてもらいたい気持ちが、拮抗しているのがわかりました。

そういう私も、口の中に大量の唾液が溢れてきていて、何度も飲み干さないといけないほどでした。

「お義父さん、パジャマの上からだとマッサージしにくいんで、ズボンを脱いでもらってもいいですか？」

「え？　いや、それはさすがに……」

困ったように言うお義父さんを無視して、私はパジャマズボンのウエスト部分に手をかけて、引っぱりおろしました。

「だ、ダメだよ、奈々子さん。いくらなんでも……」

そう言いながらも、お義父さんはお尻を浮かせて協力してくれました。

もう理性も限界といった様子です。それもそのはず、ブリーフは勃起したペニスの形に延びきり、亀頭の先端部分の色が変わってしまっているんです。

それはもちろん、我慢汁によって作られたしみです。

そんなものを見せられると、私はもうあっさりと限界を超えてしまい、もっと直接的な行動に出てしまうのでした。

「これも邪魔だから、脱いじゃいましょうね」

ブリーフに手をかけて引っぱりおろそうとすると、さすがにお義父さんも必死に抵抗しました。

「いや、これはダメだよ！　奈々子さん、ううう っ……」

力を入れたせいで腰に痛みが走ったのでしょう、お義父さんはうめき声をあげて、ブリーフから手を離しました。

そのすきに、私は一気にブリーフを引っぱりおろしました。すると勃起したペニスの先端が引っかかり、反動で勢いよく飛び出して、ビタ～ン！　と大きな音を立てて、下腹に倒れ込んだのでした。

「はあぁ……す、すごい……」

私は思わず、そんな言葉を洩らしてしまいました。それぐらいお義父さんのペニスは立派なんです。しかも、七十代だというに、ピクピク細かく震えるぐらい、力をみなぎらせているんです。

「こんなに硬くなってたら苦しいでしょ？　これも、もみほぐしてあげますね……」

そんな白々しいことを言いながら、私はペニスに手を伸ばしました。

「はっ、ああうう……」

私の手がペニスをつかむと、お義父さんはそんな奇妙な声を発して、ぎゅっと目を閉じました。なにかと必死に戦っている様子です。

だけど、私がペニスをつかんだ手を上下に動かしはじめると、もう理性は完全に吹き飛んでしまったようで、お義父さんは白々しく卑猥な要求をしてきました。

「な……奈々子さん、それ、気持ちいいんだけど、手よりも口でやってもらったほうが、効きそうな気が……」

　横になって私を見上げながら、お義父さんはそんなことを言うんです。それはもう私と一線を越える決意を固めたということです。

　もちろん私に異存はありません。すでに子宮がきゅんきゅん疼いてしまっていたんです。もしもお義父さんが頑《かたく》なに拒否しつづけたら、無理やり襲っていたかもしれないぐらいでした。

「いいですよ、お義父さん……お口で気持ちよくしてあげますね」

　私はペニスに顔を近づけると、根元から先端にかけて、ぺろりぺろりと舌を這わせました。

「おお……奈々子さん、それ、気持ちいいよ。ううう……」

　あおむけになったまま、お義父さんは両拳を固く握り締めています。

「あら、お義父さん、また先っぽにエッチなお汁が出てきてるじゃないですか……」

「それは……奈々子さんのマッサージが気持ちいいから、出てきちゃうんだよ」

「それなら私が、きれいにしてあげないといけないですよね？」

　ペニスの先端ににじみ出ている液体を私はズズッとすすり、そのまま亀頭をパクッと咥えて、首を前後に動かしはじめました。

「あぁ……す、すごい……ううう、奈々子さん……あんた、なんてエロいしゃぶり方をするんだ、ううっ……」

お義父さんは首を起こして、私がペニスをしゃぶる様子を凝視しています。

そして私は、お義父さんの顔を上目づかいに見つめながらフェラチオを続けました。

よっぽど卑猥な眺めだったのでしょう。すでに限界まで大きくなっていると思っていた、お義父さんのペニスはさらに大きくなって、私の口を完全にふさいでしまいました。

「うぐっ、ぐぐぐ……」

苦しくてむせ返りながらも、私はフェラチオを続けました。

そんな私の姿を見て、お義父さんはもう他人事みたいな顔をしていることはできなくなったようです。

「奈々子さん、すごいやらしいよ……ううう、ぼくも奈々子さんを、気持ちよくしてあげるよ。だから、パンツを脱いで、お尻をこっちへ……」

お義父さんは、私のお尻に手を伸ばしてきました。シックスナインを要求しているんです。それはもう、腰のマッサージなどとは関係ありません。

「お義父さん、いいんですか？」

「ああ、遠慮することはないよ……いっしょに気持ちよくなろう」

「あぁぁん……なんだか、暑くなってきちゃいました」

私はその場に立ち上がり、着ていたものをすべて脱ぎ捨てて、全裸になりました。

するとお義父さんは、思いがけないことを言うんです。

「奈々子さん、すごくきれいだよ。そうだ！　そのままぼくの顔を、跨《また》いでみてくれないか？」

「え？　跨ぐって……そんなこと……」

「どうせ舐めるときには、すぐ近くから見ることになるんだから同じだよ、頼むよ」

そう言うお義父さんのペニスは、ピクンピクンと痙攣しています。それぐらい、私にさせる行為を想像して、興奮しているということです。

それなら、お義父さんの望みをかなえてあげたいと思いました。

私はお義父さんの顔を跨いであげました。

「ありがとう。じゃあ、奈々子さん、お尻をおろしてきてくれ……」

「はあぁぁん……お義父さん……」

私はまるで和式トイレで用を足すときのように、ゆっくりとしゃがみ込んでいきました。それは、想像していた以上の恥ずかしさでした。

だけど、いまさらやめられません。それに私は、その卑猥な行為に猛烈に興奮してしまっていたんです。

そして、膝が九十度ぐらい曲がったところで、いままでしっかりと張りついていた肉びらが、ピチュッという音とともに剝がれ、ゆっくりと左右に開いていきました。

それを見たお義父さんが、うれしそうに言うんです。

「あああ、すごい……なんてエロいんだろう。もっと……もっと下までおろしてきてくれ。ほら、ぼくの舌が当たるぐらいまで……」

お義父さんは、舌を長く伸ばしてレロレロと動かします。それを見て、自分がしようとしていることのいやらしさに、頭がクラクラしてしまいました。

だけど、その舌の快感を味わいたくて、私はゆっくりと腰を落とし、さらにお義父さんの舌の位置にクリトリスが来るように、調整してしまうのでした。

「はっあああん！」

次の瞬間、お義父さんの舌がヌルンとクリトリスをなで、私は悲鳴のような声をあげていました。だけど、その快感をもっと味わいたくて、しゃがみ込んだ姿勢を取りつづけるんです。

お義父さんはヌルンヌルンと、クリトリスを舐めつづけました。

その快感は強烈で、私はもう足腰に力が入らなくなり、お義父さんの顔に完全に座り込んでしまいました。

「うぐっ、ぐぐぐ……」

うめき声をあげながらも、お義父さんは私の陰部を舐め回しつづけます。

「ああん、すごいわ、お義父さん……はああんぐぐ……」

私はお義父さんの顔に陰部を押しつけたまま体を前に倒し、お義父さんのペニスをしゃぶりはじめました。

そして、シックスナインの体勢で、クチュクチュピチャピチャといやらしい音を響かせながら、私たちはお互いの性器を舐めつづけました。

先に限界を迎えたのは、私でした。

「あっ、ダメ、お義父さん！　はあああん、気持ちよすぎてもう……はあああん！」

ペニスを口から出して、唾液まみれのそれに唇を軽くふれさせたまま悩ましい声を張りあげ、私はエクスタシーに達してしまったのでした。

ずるりと体の上からすべり落ちた私に、お義父さんは満足げに言いました。

「奈々子さん、イッてしまったんだね……」

「はあぁぁん……お義父さん、気持ちよかったです。でも、まだお義父さんが……」

お義父さんのペニスは、まだ満足していません。

「うん……じゃあ、そろそろ奈々子さんのオマ〇コを、味わわせてもらおうかな」

お義父さんは体を起こそうとしました。だけど、「うっ」とうめいて、また布団の上にあおむけになってしまったんです。

「大丈夫ですか？　無理はしないでください。今日は私が最後まで上になって、お義父さんを気持ちよくしてあげますから……」

イッたばかりで力が入らない体をなんとか起こし、私はお義父さんの顔のほうに向き直って、膝立ちでお義父さんの体を跨ぎました。

そして、ペニスの根元をつかんで先端を天井に向け、その上にゆっくりと腰を落としていったんです。

クプッと鳴って、亀頭が私の中に半分ほど埋まりました。そのままさらに腰を落としていきます。すでにクンニでどろどろにとろけていた私の膣は、お義父さんの巨根を簡単に呑み込んでしまうんです。

「あああぁぁん……入ってくるぅ……あああああん……」

「ううう……奈々子さんの中は温かくて、気持ちいいよ。ううう……」

しっかりと根元まで呑み込んでしまうと、私は腰を前後に動かしはじめました。

「ああ、すごい……あああああん……気持ちいいぃ……」

私の腰の動きは徐々に激しさを増していき、ごく自然と前後の動きに左右の動きが加わりました。

「おおっ、なんていやらしい腰の動かし方だ。たまらないよ……」

「はあぁぁん……恥ずかしぃ……でも、気持ちよくて、やめられないんです」

私はさらに激しく腰を動かしながら、両手で自分のオッパイをわしづかみにしました。そして、お義父さんに見せつけるように乱暴にもみしだいたんです。

「おおっ、エロいよ……ぼくにも、ぼくにももませてくれ！」

そう言って、お義父さんが両手を伸ばしてきました。

「はあぁん……いいですよ、いっぱいもんでください。あっはあぁんん……」

その手のひらにオッパイを押しつけてあげると、お義父さんは弾力と柔らかさを楽しむように、もみもみと手を動かしてうっとりと目を細めるんです。

「あああぁん、気持ちいい……はあああぁん……」

お義父さんにオッパイをもまれながら、私は腰を振りつづけました。つながりあった部分がグチュグチュ鳴り、大量の愛液が溢れ出ていることがわかります。

私の体がそんなに反応しているのと同じように、お義父さんのペニスは、ますます硬さを増していくようで、パンパンにふくらんだ亀頭が、膣奥をグリグリとかき回すんです。

「奥が……奥が気持ちいい……」

「ううう、奈々子さん、もう……もうそろそろイキそうだよ！　ううっ……」

お義父さんが苦しそうに言いました。

「いいですよ、いっぱい出してください！　ああああっ、私も……私もまた、イッちゃうううう！　あっはあああん！」

体の中を強烈な快感が駆け抜け、私はのけぞるようにして、後ろに倒れてしまいました。

その瞬間、お義父さんのペニスが私のオマ○コからヌルンと抜け出て、あたりに愛液をまき散らしました。だけど、まだ射精はしていません。

「はああん……お義父さん、んぐぐ……」

私は這うようにしてお義父さんのペニスに食らいつき、愛液まみれになったそれを舐めしゃぶってあげました。

「おおおっ……もう、もう出るっ……あうううう！」

お義父さんがうめいた瞬間、私の口の中でペニスがブワッと膨張したと思うと、今度はビクンと脈動して、喉の奥を目がけて熱い体液がほとばしったのでした。

「うぐっ、ぐぐぐぐ……」

むせ返りそうになるのを必死にこらえて、私はその射精を全部受け止めました。そして、お義父さんの精液を一滴残らず飲み干してあげたんです。

「な、奈々子さん……飲んでくれたんだね……」

感動した様子で見つめるお義父さんに、私は言いました。

「お義父さんの精液、すごくおいしいです。また飲ませてくださいね……」

「ああ、もちろんだとも。それに、次はぼくが上になって、奈々子さんを気持ちよくしてあげるよ。だからがんばって、この腰を治さないとね……」

お義父さんはそう言って、にっこりと笑いました。

それ以降、私とお義父さんの楽しい性生活は続いています。だから、もう夫など帰ってこなくてもいいと、心から思っているんです。

長年にわたり続く秘密の兄妹相姦……人妻となった愛しの妹に極太棒を挿入

酒井雅敏　無職　四十二歳

世の中には「ダメ息子」は数多くいるでしょうが、私ほどの男はあまりいないだろうと思います。すねかじりのうえに、近親相姦の罪まで犯しているんですから……。

現在、私は親の収入を頼り、引きこもりの生活を送っている高齢ニートです。年齢はもう四十を超えています。そんな私の親にも言えない秘密が、血の繋がった実の妹と関係を持っているという恐ろしい事実なのです。

私が引きこもりになったのは、大学になじめなかったことがきっかけでした。キラキラとして学生生活を送る同世代の人間になじめず、自室にこもって外に出ず、ゲームとネットに明け暮れる毎日。両親はそんな私を心配して、気にかけてくれました。同情心からそっとしておいてくれたのですが、それがまたつらかったのです。

でも、六つ年下の妹は違いました。

たった二人きりの兄妹で、幼いころは私を慕《した》っていた妹の美香《みか》ですが、引きこもり生活になった私を見限ったように、辛辣《しんらつ》な言葉を浴びせかけたのです。

「恥ずかしくないの？　友だちはもうみんな働いてるんだよ？」

「いつも家にいて不潔だから、アイツの服と私のはいっしょに洗わないで！」

「あんな役立たず、私は絶対に無理、吐きそう！」

私はそんな美香の言葉から逃げるように、ますます引きこもりの泥沼にはまっていったのです。自分につらく当たる妹を見返してやろうと、外の世界に出ようと思うのですが、最初の一歩が踏み出せないまま、時間だけが過ぎていきました。

大学生活になじめなかったのは、ルックスに自信がなかったことも原因でした。現実の女性に相手にされない自分を慰《なぐさ》めるように、私はオナニーばかりして過ごす毎日を送っていました。昼夜の区別もなく一日中、自分のチ○ポをしごいていたのです。

そんな生活ですから、あの事件が起こったのも必然だったのかもしれません。

ある日、いつものようにオナニーをしていたとき、妹が自分の部屋のドアをノックしたことにも気づかないほど、夢中になってしまったのです。

ドアを開けた美香に、私はオナニーを見つかってしまいました。

「うあっ!?」

私はパニック状態になりました。まさか鍵を閉め忘れていたなんて、思ってもみなかったのです。完全に露出したチ○ポを、モロに見られました。

そんな私を見おろすように、美香は蔑《さげす》んだ目でこう言ったのです。

「サイアク……」

その言葉を聞いた私の中で、何かが弾けました。

私は美香の手をつかんで部屋の中に引きずり込み、押さえつけました。

「何すんだ、お前……んぐっ！」

美香は抵抗しましたが、親に聞かれたらまずいというただその一心で、私は美香の口を押さえつけました。運動不足の私ですが、そこはさすがに男と女の力の違いで、強く美香の華奢《きゃしゃ》な体を組み敷いてしまいました。

美香も、恐怖が込み上げてきたようです。おびえた目がうるんでいます。

そんな美香の目を見ていると、オナニー中でビンビンになっていた私のチ○ポは、なぜかますます硬く興奮してしまったのです。

剝き出しの股間が、私の体の下になった美香の股間に当たる体勢になりました。

「へ、変なモノ押しつけるな……」

美香が、切れぎれの声でそう訴えました。その言葉にカチンときて、私はますます自分のチ○ポを押しつけました。驚いた美香が逃げ出そうとしますが、私はガッチリと押さえ込んで離しません。

「や、やめて……」

「いつもいつも、バカにしやがって！」

常日ごろの、美香の見下した態度に対するうっ憤が、爆発してしまいました。私は美香が着ていたジャージに手をかけて、一気にめくり上げました。

大きな二つの丸い肉のかたまりが、目の前に飛び出したかのようでした。ブラはつけていましたが、いったいいつの間にこんなに成長したのだろうかと、目を瞠《みは》りました。

硬くなっていたチ○ポが、さらにはち切れんばかりふくらむのを感じました。

引きこもりの私は、当然のごとく童貞です。若い女性の生のおっぱいを見るのも、初めてのことです。たとえ、それが実の妹でも……。

そして、キスをしたこともちろんありません。

私はおびえる美香の口に、無理やり自分の唇を重ね合わせました。

「んっ……ふぐっ……」

前歯が当たったりして、下手くそなキスだったと思います。

しかしそれでも、抵抗する美香の体の力が抜けていくのを、はっきり感じました。

そして唇を離したあとには、うっとりと上気した頬で私を見上げてすらいたのです。

「アンタ、まさか……初めてじゃないよね？」

美香が小さな声でそう言いました。

そして手を伸ばして、私のチ〇ポをやんわりとつかんできたのです。

「こんなんで、私のこと、満足させられるの？」

そんな挑発的な言葉まで、私に浴びせてきたのです。

頭にきましたが、初めて女の手で勃起したチ〇ポにふれられて、気持ちがよかったのも事実です。

はっきり言って、妹の美香は私と違って見た目がいいのです。色黒ではありませんが、ファッションはギャル系です。ふだんはあまり会話もないので、私生活のことはよくは知りませんが、男にモテている雰囲気はあります。

大学に入ってからは、きっとセックスも、たくさん経験しているのでしょう。それを思うと、悔しさと興奮が入り混じった、なんとも言えない気持ちになりました。

私は美香の体の自由を奪ったまま、ブラを剝ぎ取りました。二つのふくらみが揺れながら、その全貌を私の目の前に露《あらわ》にしたのです。

これが、生おっぱい……！　長年の欲求不満が溜まった私のチ〇ポは、爆発寸前でした。そのチ○ポを、美香は相変わらず生殺しするようになで回してきます。

「ねえ……するの？　しないの？」

美香は、私に吐息を吹きかけるような声でそう言ってきました。

正直、私はその先、どうすればいいのかわからない状態だったのです。

無修正のエロ画像はネットであさって腐るほど見ていましたが、実際の女体を前にすると、どうすればよいかわからなくなって、怖気《おじけ》づいてしまっていたのです。

「する……って、親父たちもいるだろ……」

私はごまかすように言いましたが、美香はすでに平然とすらしていました。

「いないよ。叔父《ち》さん家行ってるもん……」

そう言って、私のチ○ポに這わせた手を、ゆっくりしごき上げてきました。亀頭の先端からトロトロの体液が洩れて、すでにヌルヌルと濡れています。

美香は笑みを浮かべて、私を見上げました。

「やり方……わかんないでしょ？」

私より精神的優位に立った美香は、より激しく手を動かしてきました。

「んっ……あっ！」

ひるんだ私の肩を下からつかんで、美香はのしかかる私を押し返しました。そして反対に、私を下にひっくり返してしまったのです。

「やり方も知らないくせに……生意気だっつーの！」

美香は、あおむけになった私のチ○ポを、なおもしごき立てました。

何せオナニーをしている最中だったので、すぐに込み上げてきました。

「あはうっ！」

情けない悲鳴をあげ、私は実の妹の手の中で果ててしまったのです。

しかし、出したばかりなのに、私のチ○ポはまるでおさまっていませんでした。

それを見た美香は、精液でドロドロになった汚い状態なのも構わず、手筒を使って激しくしごいてきたのです。

「まだ、できるでしょ？　私のも脱がしてよ」

美香の言葉に促されて、私は妹のジャージの下に手をかけました。

ピンクのパンティが露になりましたが、それをさらに脱がすことは、怖くてできませんでした。とりあえず、パンティの上から股間に指を這わせました。

「あんっ……」

亀裂に沿って指を動かすと、美香の唇から息が洩れました。美香は私の体におおいかぶさるようになっていて、私の耳元に息がかかりました。

ぞくぞくと、全身がわななきました。

実の妹と、こんなことを……しかし罪悪感は、さらなる興奮を呼ぶ材料にしかならなかったのです。

私のチ○ポは、さっき出したのが嘘のようにびんびんになっていました
そしてそれと呼応するように、美香のアソコは濡れています。パンティに、しっとりとしたものがしみ出してきているのです。

兄妹だから、シンクロするのかな……興奮した頭で、そんなことを考えていました。

美香のアソコはさわればさわるほどやわらかくなっていくようでした。まるで股間全体が液体のようです。美香は何度も身をよじり、体はどんどん熱くなっていきました。

「んっ……ねえ、じかに、さわってよ……」

美香が私におねだりをしてきました。生意気な妹が私にお願いしてくるなんて、いつ以来のことでしょうか。

私は心臓をバクバクさせながら、すっかり濡れたパンティの中に指先をすべり込ませていきました。実際それは「すべり込ませる」なんていう器用な指先ではなかったと思いますが、それでも、私にとっては初めての大冒険だったのです。

繁みの奥にある亀裂に指を添えると、呑み込まれるように埋もれていきました。指

の先がドロドロになるのを、はっきりと感じました。

うわあ、こんなに濡れてる……想像以上に愛液が溢れていて、濡れてうるんでいました。生まれて初めて直接指でふれるオマ○コの感想は、「とにかく熱い」というものでした。

気づけば、美香の体にはうっすらと汗の玉が浮かんでさえいました。

「うあ……」

悩ましい吐息を聞いて、私の理性が吹き飛んでしまいました。気がつくと私は、美香の下半身を丸裸にしていたのです。どうすればうまく挿入できるのかわからない私を、美香がリードしてくれたことだけは記憶しています。とにかく、美香は女性上位の体勢で私のチ○ポを、熱いオマ○コに根元まで呑み込んでしまったのです。

死ぬほど気持ちいい……！　射精直後だと思えないほど、体の奥から快感が込み上げてきます。

美香はゆっくりと腰を動かしてきて、私はぎこちなくその動きに腰を合わせていきました。最初はうまくいかなくて途中で抜けたりしましたが、そのたびに美香が、世話が焼けるという感じで、入れ直してくれました。

ヌルヌルになったチ○ポが、それでも次第に美香を突き上げて、感じさせられるようになってきました。

「んっ、あっ、あっ、はんっ！」

腰の動きに合わせて、美香の喘ぎ声もリズミカルになってきます。

膣内の肉壁に密着したチ〇ポは、もう限界でした。

「おい……出る、出ちゃうよ！」

私が切れぎれの声でそう言うと、美香は憎まれ口を叩きました。

「やっぱり、すぐイッちゃうんだ……」

そう言って、美香はうまくタイミングを合わせてオマ〇コからチ〇ポを引き抜きました。引き抜く瞬間にキュッとオマ〇コを締めたのか、その感触で私はあえなく二回目の発射をしてしまったのです。

終わったあとの感想は、近親相姦というとんでもないことをしでかしたという思いと、ついに童貞を卒業できたという感動が入り混じった、複雑な気分でした。とにかく、美香と私はこうして思いがけないきっかけで、一線を越えてしまったのです。

それ以来、美香は家にほかに人がいないとき、たびたび私の部屋のドアをノックするようになったのです。言いわけをするわけではありませんが、関係を持つことに関してしては、どちらかというと美香のほうが積極的でした。

私は押されるままに押し倒され、精液を搾り取られるような感じでした。

白状すると、私はいまだに美香以外の女を知りません。

いまだに高齢ニートの引きこもり生活を続けている私にとって、相手をしてくれる女は美香だけなのです。

私とは違い、美香には家の外の生活がありました。私と定期的に禁断の関係を持っていながら、彼氏を何人も変えて、ふつうに恋愛をしていたのです。

そのことも私にはコンプレックスでした。いつまでたっても、美香にかなわないという気持ちを抱かされました。

でも、そんな私を見捨てずに愛してくれたのも、ほかならぬ美香なのです。

美香は十年前、二十六歳のときに結婚しました。

これでもう、関係も終わりだな……私はほっとしたような、淋しいような気持ちになりました。

しかし、関係は終わりではなかったのです。

美香は、結婚後もなにかと理由をつけて実家にやってきました。それも、両親がいないことを確認してから、一人でやってくるのです。

「相変わらず、働きもしないで、オナニーばっかりしてるの？」

私の前に立って腕組みして、厳しい声を投げつける美香は、もうギャルではありません。専業主婦の人妻です。メイクも派手ではなくなり、服装も地味になりました。

しかし私と二人でいるときは、以前と同じ生意気な妹のままなのです。

図星な美香のセリフに私が何も言い返せないでいると、美香は私の股間に足の裏を押しつけてきました。

「うっ……！」

私は思わず、うめき声をあげました。

「うっ、じゃないよ。どうせいまだに私のオマ○コの味が忘れられないんでしょ？」

そう言いながら美香は、はいていたスカートを脱ぎ、その下のパンティさえ剝ぎ取って、私の顔に押しつけてくるのです。

私にとっては何年も味わった、なつかしい匂いのオマ○コです。

美香の足の裏にある私のチ○ポが、ムクムクとふくらんできます。

「ほんっと、完全に変態だよね……妹のオマ○コの匂いで、興奮するなんて……」

挑発的な言葉を吐く美香を黙らせるためには、私も反撃するしかありません。

私は舌を突き出し、妹の割れ目に突き挿しました。

「はあんっ！」

妹が大きな声をあげました。割れ目に挿し込んだ舌を動かすと、どんどん声は大きくなっていきます。蒸れた匂いが、鼻先に充満しています。人妻になってから、美香の体臭は強くなったような気がします。でも不快な匂いではなく、もっとかぎたくなるような、濃いメスの匂いです。

これが、人妻の匂いというものなのでしょうか。

私はいつしか美香のお尻に手を回して抱きかかえ、まるでテイクダウンするみたいに床に押し倒していました。美香はM字開脚状態で股間を開き、私の舌責めに息も絶えだえになりながら、必死で耐えています。

結婚前よりも敏感になっているな……夫に開発されたのか？　そんなことを考えると、私は嫉妬《しっと》心で頭がいっぱいになって、さらに激しく舐めずにはいられなくなってしまうのです。

舌の先を硬くとがらせて、ラブジュースで顔がベトベトになるのも構わず、私は美香のクリトリスを責めつづけました。

「あっ！　はあっ！」

家にはほかに誰もいないことがわかっているから、美香は大胆な声をあげます。

こんな声を夫との寝室でもあげているのか……そんなことを考えると、嫉妬心とは裏腹に、チ○ポはどんどん硬くなってしまうのです。

「旦那とは……昨日はしたのか？」

びちょびちょになった美香の股間から顔を上げて、私はたずねました。

「ど……どうしたのよ、急に……」

美香は少し動揺したように、そう言いました。

「旦那と最後にセックスにしたのはいつだ？　ど……どんなことをされたんだ？」

美香に対する私の口調は、まるで尋問のようになっていました。美香のほうも、反発したように声を荒げました。

「そんなこと……アンタに関係ないでしょ……んあんっ！」

生意気な口をきく妹に兄の威厳を見せつけようと、私は指を思いっきりオマ○コの中に突っ込みました。人差し指と中指を同時に入れて、激しくかき回しました。

「んっ……いや、やめて！」

美香は体をよじり、苦悶《くもん》の表情を浮かべました。しかしその表情はただ苦しいだけではなくて、快感をその奥に隠しているのです。

「言えよ、どんなことされたんだよ！」

私は指先を乱暴にピストンしつづけながら、結婚後に、一回り大きくなったように見える美香のおっぱいに、むしゃぶりつきました。

「んっ、んっ……いっしょにお風呂に入って……口で一回、抜いてあげて……そのあとはベッドで……ああっ！」

美香は切れぎれの声で、そう叫びました。

「ベッドに行って、何をしたんだ？　え？」

私がオマ○コの中の指をクイッと上に向けて動かすと、美香の体が弓なりになってエビぞりました。

「ああっ！　バ、バイブを使って……愛撫を……」

美香の言葉に、頭に血が上ってしまいました。大人のおもちゃまで使って、妹たち夫婦は夜の営《いとな》みを愉しんでいるのです。

私が一人さびしく、ずっと同じ部屋で寝ているというのに……。

私は手近にあったビールの小瓶を手に取りました。そして、その先を、無理やりに美香のオマ○コの入り口にあてがったのです。

「やめて……ああっ！」

美香の膣口が、少しずつ瓶の先端を呑み込んでいきます。異物を挿入するというのは未経験でしたが、私は息苦しくなるほど興奮してしまいました。

美香の目に涙がたまっています。頬が紅潮して、声がかすれます。

「いや、ああ……こんなのより、ほ、ほんものが、いい……」

美香のその言葉を聞くと、私の心はようやく落ち着きました。瓶のほんの少し先端が入っただけですが、抜き出すとベットリと濡れていました。

「こんなに感じやがって……」

私は自分のチ○ポをつかんで、瓶でぱっくりと開いた美香のオマ○コの入り口に、あてがいました。すぐに、ズブズブとのめり込んでいきました。

「んっ……もっと、奥まで……」

美香は私の首に手を回して、自分に引き寄せてきます。

根元まで完全に入り込んだあと、二人でゆっくり時間をかけてディープキスをしました。絡めた舌と舌が、唾液でトロトロに溶けて、混じり合うかのようでした。

座って対面したまま抱き合い、動かしにくい状態のまま腰を動かしつづけました。

「ああ！　はああん！」

美香は感じてくると、だんだん股を大きく開いて、私が動きやすいようにしてくれます。憎まれ口を叩いても、私のことを気づかってくれるのです。

あるいは、ただ自分が気持ちよくなりたいだけなのかもしれませんが……。

結合部のグチュグチュという音が、どんどん激しくなってきます。

硬くなったチ○ポの芯が、とろけそうになって込み上げてきます。

「う、ん……イキ、そうだ！」

「あっ、んっ、はあ……な、中はやめてよ……もう、結婚してるんだから……」

美香は言葉とは裏腹に、自分から激しく腰を動かして、私の精液を搾り取ろうとしてきます。美香の大きなおっぱいの乳首を私は甘噛みしました。

「あはあっ……イク！」

美香の全身の力が抜けていくのがわかりました。寸前に抜いた私のチ○ポから、大量の精液がほとばしるのと、ほとんど同時でした。

こんなダメな兄を見捨てないでいてくれる美香は、私にとっては天使のような存在です。このまま美香が、四十代や五十代になっても、二人の関係が続けばいいと思っています。

〈第四章〉

新たな快楽を求め彷徨う淫獣の本能

出戻りのドスケベ義姉に誘惑され……熟れまくったマ〇コに牡汁を生発射！

田島浩平　会社員　四十三歳

私はとある小さな会社で、事務の仕事をしています。

一つ年下の妻の綾子《あやこ》と、三歳になる娘の三人暮らしで、妻は現在育児休暇中です。いずれ元の職場に復帰する予定ですが、毎週金曜日だけは以前と変わらず出社しています。というのも、妻は会社で重要なポストについており、週に一度はどうしても顔を出さなければいけないようなのです。

その日だけは娘を妻の実家に預け、帰りはいつも遅くなります。なので娘の迎えは定時に帰れる私がやっていました。

私たち夫婦にとって助かったのは、妻の両親が快《こころよ》く娘の面倒を見てくれたことです。なにしろ週に一度、かわいい孫が会いにきてくれるのです。昔ながらの家に住む二人は、その日を楽しみにしていたようでした。

娘もよく二人になつき、私が迎えにいくと別れるのをさびしそうにしていました。

ときには私の迎えが遅くなることもあり、夜の八時を過ぎると娘はいつも、布団でぐっすり眠っていました。起こすのがかわいそうだからとそのまま泊まらせてもらい、翌日に迎えにいくこともありました。

こうして娘の面倒を見てもらえるのは、とてもありがたいことでした。娘がいることで、妻の両親とも良好な関係を保てたのです。

実は私にも、妻の両親の家に行く楽しみが一つありました。

それは、私の義理の姉にあたる美和子《みわこ》さんが、同居していることです。

彼女はバツイチで子どもはなく、実家に出戻りをしていました。五十二歳で豊満な体つきをしており、なかなかの美熟女です。

妻とは年が離れていますが、女の色気では美和子さんのほうに軍配が上がります。

なにしろ胸のサイズは九十センチ以上はあるでしょうし、お尻も大きく立派です。

歩いている姿を後ろから眺めているだけで、思わず見とれてしまうほどでした。

おまけに娘と遊んでいるときなど、服を引っ張られて頻繁に胸の谷間が見えてしまうので、心のなかでニンマリしていました。

もちろん妻のことは愛していますが、彼女のようなタイプは理想の女性像でした。彼女に会えるだけで、私は妻の実家によろこんで顔を出していたのです。

ある日のことでした。私の迎えが遅くなってしまい、娘はすでに義母と同じ布団で寝ていたのです。

ちょうど義父も床についており、私を出迎えてくれたのは、美和子さんただ一人でした。彼女は、上はクリーム色のセーターに、下はスウェットパンツの普段着姿です。

「すみません、遅くなってしまって。仕事が忙しかったものですから……」

「いいのよ、おばあちゃんもあの子といっしょの布団に寝るのを楽しみにしてるんだから。せっかくだから、浩平《こうへい》さんも温まっていったら?」

外は体が凍えそうな寒い夜でした。畳敷きの居間はストーブで温まっています。それに美和子さんは、私のために体が温まる食べ物まで用意してくれていたのです。

妻も帰りが遅くなるようだし、ここはご厚意に甘えて、美和子さんの手料理をご馳走になることにしました。

魅力的な義姉とこたつで二人きり、私にとっては至福の時間です。食事もおいしくいただきました。

食後にしばらく雑談をしていると、美和子さんが突然こんなことを聞いてきました。

「ねぇ……綾子と最近、あまりうまくいってないんじゃないの？」

図星を突かれ、私はどきりとしました。

「まぁ、うまくいってないってほどじゃないんですけど。ただ最近はなんというか、あんまり会話もないというか……」

「そうじゃなくて、セックスを全然してないんじゃないかなって……」

まさか妻が、彼女にそんな相談をしていたのでしょうか。そう疑ってしまうほど、私たち夫婦の事情を言い当てられてしまったのです。

なにしろ娘が産まれてからは、せいぜい半年に一回ぐらいしか妻を抱いていません。そのことに、妻が不満を持っていたとしても不思議ではありませんでした。

しかし美和子さんが言い当てたのは、ふだんの私を観察していたからでした。

「ここに来ると、いつも私のことジロジロ見てたでしょう？　胸とかお尻とか……」

私は「いや……」と口ごもってしまい、どうしようかと困ってしまいました。まさか気づかれていたとは、思いもしなかったのです。

すると美和子さんは笑みを浮かべながら、こう私にささやきかけてきました。

「実は私もねぇ……離婚してずっと一人でしょう？　どうしても、体がさびしくなってくるときがあるのよ……」

大胆な告白に驚きました。それだけではありません。彼女はこたつの中で、さりげなく私の足にその足を絡みつかせてきたのです。

最初は悪ふざけかと思いましたが、彼女の足は私の股間に迫ってきました。

まさか両親がいる家で、私の娘まで泊まっているのにこんなまねをするなんて、とても信じられませんでした。

しかし私は止めさせることもできず、つま先で股間をまさぐられるままになっていました。そして不覚にも、ペニスが勃起していました。

「ねぇ、いまならみんな寝ちゃってるし、綾子にも絶対に黙ってるから……」

私はその言葉を聞くと、自分でもどうしていいのかわからなくなっていました。

まちがいなく、美和子さんは私を誘惑しています。しかし相手は義理の姉で、いつ義理の両親や娘が起きてくるかもわかりません。

にもかかわらず、私は彼女を抱きたい気持ちを抑えきれませんでした。

さらに美和子さんは、迷っている私の隣へ近づいてきました。体に寄りかかると、着ていたセーターをたくし上げて、胸をさらけ出してみせたのです。

「ほら、これでもまだ我慢するの？」

すぐ目の前に、豊満な乳房がこぼれ落ちていました。

もう五十代なのに形もよく、サイズも申し分ありません。ぷっくりと飛び出した乳首も、かなりの大きさでした。

とうとう私は我慢できなくなりました。美和子さんの体を押し倒し、胸にむしゃぶりついてしまったのです。

「あんっ！」

乳首に吸いつかれた瞬間、美和子さんは小さく声を出しました。しかし別室で寝ている義理の両親に届くような声ではありません。

いったん手を出してしまったからには、もうあと戻りはできません。

開き直った私は、思うままに乳首を吸い上げ、ねぶり尽くしました。やわらかい肌は甘ったるい女の匂いがし、ますます私の欲望を刺激しました。

「ああ……久しぶりだから、すごく感じちゃう」

美和子さんもいやがることなく、甘い声で私にささやいてきます。

彼女が本気で感じているのは、乳首の反応でわかりました。みるみるうちに勃起し、硬くとがっています。

その間に私の手は、セーターの下の肌をくまなく愛撫していました。

どこもかしこもやわらかいうえに、さわり心地は妻の肌に比べても引けを取りません。むしろ肉づきのいい彼女のほうが、より感触を楽しめました。

「ちょっと、待って……」

そう私を制した美和子さんは、起き上がってセーターを脱ぎ、下にはいていたスウェットパンツも脱いでしまいました。

私としてはいつ人が来てもいいように、服を着たままコトをすませるつもりでした。しかし美和子さんは、まったくそんなことは気にしていないようです。

「いいんですか？　誰かが起きてきたらまずいですよ……」

「だいじょうぶよ、うちの親は夜が早いから。起きてくることがあっても、トイレに行くくらいだし……」

心配する私をよそに、あっけらかんとしています。とうとうショーツも脱いで全裸になってしまいました。

私も目の前で裸を見せられると、それ以上は何も言えなくなってしまいました。

美和子さんの熟れきった体は、余分な肉もついていますが、まるで西洋絵画に出てくる裸婦のようです。とりわけ、むっちりした下半身が、色気たっぷりでした。

「どう、妹の体と比べて……ちょっと太めだけど、抱き心地がよさそうでしょ？」

自信たっぷりな美和子さんは、座っている私にわざわざ腰を近づけて、見せつけてくるのです。

さすが姉妹だけに、陰毛の形もよく似ています。妻よりも濃く、股間をおおうように広く生えていました。

それよりも私が引きつけられたのが、股間からただよってくるいやらしい匂いです。深く吸い込んでしまうと、頭がクラクラしそうでした。かぎ慣れた妻の匂いよりも、ずっと刺激的です。

美和子さんの足元にひざまずいた私は、股間を見上げるように顔を埋《うず》めました。

「はぁんっ！」

唇を割れ目に押しつけただけで、小さな声で喘いでいます。

美和子さんはすでにかなり発情していたようです。割れ目はうっすらと濡れ、クリトリスもふくらんでいました。

そこへ舌を這わせると、美和子さんの腰がビクッと反応し、頭上から「ああっ！」と声が聞こえてきました。

「そこ、気持ちいいっ！」

立ったまま、美和子さんは腰を小さくくねらせはじめました。私の頭に手を置き、自分から股間を押しつけてくるのです。

私はやわらかな肉に埋もれながら、必死になって舌を使います。そうしないと鼻と口もふさがれてしまいそうでした。

ただ私も、こうして女性から強引に責められた経験がないだけに、内心ではかなり興奮していました。

「あっ、ごめんなさい……苦しくなかった？」

「いいんですよ、このままで。もっと舐めてあげますから……」

気づいた美和子さんが手を離しても、私は股間に顔を埋めていました。

そうしながら腰に回していた手で、ちゃっかりとお尻もなでていました。いつかこのデカ尻を存分にさわってみたいと、ずっと思いつづけていたのです。

立派なお尻はやわらかいだけでなく、張りもあります。さわっていると、いつまでも飽きがきません。

舐めている彼女の股間も、さらに濡れてきました。

「んっ、んんっ、もう……ダメ、おかしくなっちゃいそう！」

そう言いつつも、ぬめぬめした愛液を垂らしているのです。

なおも舐めつづけていると、いよいよ追い詰められた声で、私に「お願い、ちょっとだけ止めて……」と訴えてきました。

いったん私が股間から顔を離すと、美和子さんは目をとろんとさせていました。よほど感じていたのか、立っているのもつらそうです。

「どうしたんですか？　まだ途中だったのに……」

「だって、私だけ気持ちよくしてもらっても悪いでしょう。お返ししてあげる……」

すると、美和子さんは私にもズボンを脱ぐように言いました。

何をしてもらえるのかピンときた私は、ズボンと下着をまとめて脱ぎ捨てました。

「これでいいですか？」

すぐさま勃起したペニスを見せつけます。

美和子さんは「やだ、すごい！」とうれしそうに言いました。ペニスを見るのも久しぶりなので、思わず表情に出てしまったのでしょう。

「こんなに元気なのに、綾子もほったらかしにしておくなんて。もったいない……」

ペニスをまじまじと見つめて言いながら、いとおしげになでてきました。

もちろん、私が期待していたのはフェラチオです。てっきり彼女も、そのまま咥えてくれるものと思っていました。

「そこに横になって。いいものを見せてあげる……」

私は言われるままに、畳の上に横になりました。

すると美和子さんが、私の顔を反対向きに跨《また》ぎ、そのまま屈んできたのです。私のすぐ目の前に、お尻が迫ってきました。それも、顔がくっつかんばかりの距離です。

「これだと、私のお尻も好きにさわれるでしょう？　遠慮しないでどうぞ……」

どうやらベタベタとお尻をさわってばかりいたので、よっぽどそこが好きだと思われてしまったようです。

それにしても、美和子さんのお尻は見事でした。間近で見ると、大きな二つの山が迫ってきているようです。

その反対側では、美和子さんの顔がペニスに近づいていました。

「おおっ！」

すっぽりとペニスを呑み込まれ、快感が広がってきました。

私たちはシックスナインのかたちになっていました。これだとお互いに横になったまま、舐め合うことができます。

フェラチオを始めた美和子さんは、唇を忙しく上下に動かしています。

唇だけでなく、舌づかいも積極的でした。舐めるというよりも、ペニスに積極的にまとわりついてくる感じです。

気持ちよくしてもらったのでお返しということですが、彼女のサービスぶりは私よりもはるかに上でした。

私も負けじと再び股間を舐めてやると、目の前のお尻の穴がヒクヒク動いています。

「アンンッ、ンフッ……」

口を動かしている美和子さんの色っぽい声がたまりません。

いつしか私の舌は、お尻の穴にまで届いていました。一度だけ妻にしてやると、恥ずかしいのでやめてといやがられましたが、彼女はまったく反対の反応でした。

「そんなところも舐めてくれるの？　うれしい……」

いやがるどころか、むしろ悦んでくれたのです。

美和子さんの吸引も、さらに激しくなりました。口いっぱいに頬張ったまま強く吸われるので、ものすごい刺激になりました。

このままでは我慢できなくなると思いつつ、いまの快感から逃げることなどできません。横になって身動きのできない私は、美和子さんのフェラチオに耐えるしかありませんでした。

「ああ、もうダメ……そろそろ、いい？」

ようやく美和子さんがペニスから口を離してくれたので、私はホッとしました。

しかし、休んでいる暇などありません。すでに彼女は私の体の上から退き、足を開いてペニスを受け入れる姿勢になっていました。

私はすぐにでも挿入できたものの、一瞬ためらいました。

離婚して両親と暮らしている美和子さんが、コンドームなど用意しているはずがありません。当然、私は生で入れてしまうことになります。

「いいんですね？　このままで……」

「だいじょうぶよ、生理なんてとっくに終わってるから……私のことは心配しないで、あなたが好きなところに出して……」

その言葉で、私に火がつきました。

だったらためらう必要もないと、ペニスを割れ目にあてがいます。亀頭を軽くこすりつけてから、膣に狙いを定めました。

にゅるりと濡れた穴の中を突き進むと、とろけるような熱さです。

つながった瞬間、私たちは顔を見合わせながら、手と手を握り合っていました。

「ああ……いっぱい奥まで入ってる！」

うっとりとした声は、美和子さんも快感に浸っているのでしょう。

彼女だけでなく、私にとっても久しぶりのセックスです。しかも相手は、美人の義姉なのだから興奮しないわけがありません。

「すごく気持ちいいですよ……妻よりもずっといいです」

「ほんと？　お世辞じゃなくて？」

実際、締まり具合を比べると妻が上なのですが、抱いてみると美和子さんのほうがずっと気持ちいいのです。

しっとりと濡れた膣のうねり具合や、息づくような収縮は妻にはないものでした。腰を動かしてみると、違いがはっきりとわかります。ぬるぬると襞が絡みついてきて、年齢とは関係ない名器でした。

「あっ、あんっ！　はんっ、ああっ！」

私の下で美和子さんは喘ぎはじめました。

あまり大きな声を出されても困るので、キスをして唇をふさぎました。そうすると彼女も積極的に舌を入れてきて、二の腕を強く握り締めてくるのです。

あまりの心地よさに、身も心もとろけてしまいそうでした。

すっかり私は彼女の体に夢中になり、自分から激しい腰の動きを抑えきれませんでした。

「はあっ、あんっ、そんなに！」

美和子さんも、必死になって声を抑えようとしています。しかしどうしても我慢できずに洩れてしまうようです。

もしいま、義理の両親か娘が起きてきたら……それだけが心配でした。

だからといって、いまさら止めるわけにもいきません。逆にスリルと背徳感で、これまでになく燃え上がっていました。

「このまま、最後までいってもいいですか？」

私の声に、美和子さんは喘ぎながらうなずいてくれました。

「私も、ずっとこういうのがしたかったの……好きなように私を犯して！」

どうやら彼女も、激しいセックスを望んでいるようでした。

どうしても遠慮がちになってしまう夫婦のセックスとは違い、彼女なら好きなことをさせてくれそうです。

ならばと私は、体位を変えてみることにしました。四つん這いにさせてバックから挿入し、腰を突き上げてやりました。

「あっ、ああっ、こっち、もいいっ！」

妻があまり好きではない体位も、美和子さんは悦んで受け入れてくれます。

ますます、私は張り切りました。大きなお尻を目がけて腰を振ると、クッションのように弾んで楽しめました。

それにしても、彼女は五十代とは思えない体つきでした。胸やお尻が大きいというだけでなく、全身が色気のかたまりのようです。

こんな体を抱けるなんて、幸運としか言いようがありません。

動いているうちに、膣内はさらにうるおってきました。

割れ目から出入りするペニスが、明かりに照らされてぬらついています。そこだけ別の生き物に吸い込まれているような、いやらしい眺めでした。

思う存分に腰を動かしてきた私は、そろそろ限界を感じていました。

「ああ、もうイキそうだ……」

私がそう言うと、即座に美和子さんが反応しました。

「イッちゃうの？　じゃあ……」

すると、突き出したお尻を自ら揺すり、膣に力を入れてきたのです。

まるで、このときを待っていたとばかりでした。ペニスが強く締めつけられ、お尻の動きで私を煽っています。

これは、彼女からのメッセージだと私は受け取りました。好きなところに出していいと言われていましたが、このまま膣内に出してほしいと伝えているのです。

最後に私は全力で腰を振り、深くペニスを突き刺しました。

「ううっ……出る！」

たまらない気持ちよさに包まれながら、ついに射精してしまいました。

美和子さんも「はああっ！」と、お尻を突き出したまま甘い声をあげています。膣内に精液を注がれているのが、わかっているようでした。

「久しぶりに、すごく燃えちゃった……これまででいちばん感じたかも……」

そう私に言いながら、彼女は満足そうに微笑んでいました。


私と美和子さんの関係は、これ一回きりではありませんでした。

さすがにそう何度も彼女の家で密会するわけにはいきません。娘を迎えにいく日には、家に着く前にこっそりと車に呼んで、カーセックスをすることもありました。

いつしか火遊びは本格的な浮気となり、私たちは関係を重ねていきました。

これまでは会うのは週に一度でしたが、それでは物足りなくなりました。娘を迎えにいく日以外にも、妻には言いわけをして、美和子さんに会いにいくようになったのです。

待ち合わせをしてラブホテルに連れ込み、思いきりセックスを楽しみます。いくら抱いても、彼女の体は飽きません。こんなにのめり込むようになるとは、自分でも思いませんでした。

美和子さんは、私が家庭を持ちつつ、体だけの関係を続けていることに不満はないようでした。

「私と綾子、どっちかを選ぶんじゃなくて、奥さんを二人もらったと思えばいいじゃない……」

そう言って、相変わらずサバサバしています。

おかげでいまのところは、泥沼の関係にならずにすんでいます。

しかし一歩まちがえれば、家庭の破滅につながってしまうことだけは、肝に銘じておかなければいけません。

淡い想いを抱きつづけた美しい叔母に童貞を捧げた忘れられない甘い記憶

幸村賢治　自営業　四十三歳

初めての女性体験を、ふと思い出すことが誰にでもあるかと思います。

先日、久しぶりに妻を抱き、満足した彼女がベッドにぐったりと横たわっている姿を眺めていたとき、突然、自分の初体験を思い出しました。

私の童貞喪失の相手は、二十歳以上も年上の叔母でした。

妻が、当時の叔母に近い年齢になったせいかもしれません。

そんなこともあって、二十年も昔の初体験の記憶が呼び起こされたのでしょう。


当時、私は田舎を離れ、東京で大学生活を送っていました。卒業する年の夏でしたから、確か二十二歳だったはずです。

一通り同年代の女性とつきあいもあり、デートなどもしたのですが、まだ童貞のままでした。その理由として、そのころは周囲の女性に、大して興味を持てなかったことにあります。

正確に言えば、童貞を捧げようと心に決めていた相手がいて、それ以外の女性は初体験の対象に入っていなかったのです。

そしてその相手とは、私の母の妹にあたる女性、つまり叔母の美智子《みちこ》さんだったのです。いま思えば、若さゆえの暴走した情熱だったのでしょう。

二十歳以上も年上の美智子さんは、私の初恋の人でした。

物心ついたときからきれいな人だなと思っていて、大好きな美智子さんに会う機会があるたびに、なにかと甘えていた私です。やがて思春期を迎えるころには、叔母に対する単なる恋慕《れんぼ》というレベルを超え、魅力的な異性としてしか見られなくなっていました。

美智子さんはおっとりとした雰囲気の中にも、厚めの唇と口元のホクロがなんともセクシーな顔立ちの美人です。

スタイルも長身でありながら、はち切れそうな巨胸と張り出したヒップが印象的な、グラマー体型でした。脚もむっちりとしながら伸びやかで、スカート姿のときなどは目が奪われてしまうのでした。

そんな私ですから、自慰を覚える年ごろになってからは、手助けはもっぱら記憶の中の叔母の姿や都合のよい妄想でした。多少の罪悪感は覚えましたが、それもまた興奮のスパイスになっていた気がします。

やがて、叔母は地元の公務員と結婚しましたが、それからも自分にとって最高のオナペットは、美智子さんでありつづけました。

そして、私にとって大学生として最後の夏休みがやってきたのです。

来年には大学を卒業し就職するにあたって、いつまでも童貞だということに劣等感を感じていた私は、そこで一大決心をしたのでした。

童貞を卒業するといっても、相手は美智子さんしか考えられません。

ふつうに考えれば、血のつながった叔母ですから、まずありえないことでしょう。

それでも、何もアクションを起こすことなく、後悔を抱えて生きていくことが耐えられませんでした。

とにかく、当たって砕けろの心境で私は帰郷し、実家にも顔を出さず叔母夫婦の家を訪ねたのです。

いま思っても、あんな行動力はもう発揮することはないでしょう。それほど、美智子さんに対して思い詰めていた私だったのです。

心に秘めた決意を知る由もない叔母夫婦は、久しぶりに顔を出した私を歓迎してくれました。

美智子さんは、美しさはそのままに年齢を重ねていました。

四十代半ばになっていた彼女は、少し脂がのった体型にはなっていましたが、それがかえってグラマーさに拍車をかけていて、匂い立つような色香を感じさせました。

美智子さんと旦那さんとの間には、私にとって従妹にあたる小学校の娘もいます。

人見知りなのか、はにかんだ様子で、それでも笑顔を向けてときどき話しかけてくる小さな従妹を見ると、自分の考えていることが罪深く思えましたが、もうあとに引く気はありませんでした。

「よくきたわねえ、ゆっくりしていってね」

大学卒業前に、地元に残った高校時代の友人と会って回るつもりだと、先に伝えてありました。それには市のはずれに位置する実家よりも、中心にある叔母さんの家のほうが便利な場所にあるのだということにして、二泊三日の予定で泊めてもらう許しをもらっていました。

初日の夜は、美智子さんと旦那さんとで、遅くまで酒宴になりました。

お酒好きだという旦那さんは、早々と酔っ払って、マイペースでしゃべりつづけました。ときどき、赤ワインのグラスを口に運ぶ美智子さんは、そんな私たちを微笑を浮かべて眺めています。

旦那さんの話に興味などなく、ただ相槌《あいづち》を打つだけの私は、ちらちらと美智子さんを盗み見て、熟した彼女の肢体を観察していました。その間、何度も視線が合ってしまい、恥ずかしい思いであわてて視線をそらしたものです。

結局、旦那さんもいることもあり、その夜はこれといった行動に出ることができず、用意された部屋の布団にもぐり込みました。

私が思いきって動いたのは、翌日のことでした。

少し昨夜の酒が残った状態で遅く起きた私は、用意された朝食を食べながら、旦那さんは仕事、娘さんは学校に行っていて、家の中には美智子さんしかいないことを知りました。

私の朝食の世話をしていた美智子さんは、やがて洗い物をするため、こちらに背を向けます。

いましかない、と私は意を決しました。

残されているチャンスは、たったの二日間だけなのですから。

食べ終わった食器を流しまで運んだ私は、思いきってそのまま美智子さんに後ろから抱きつきました。

「きゃっ、何するの？　冗談はやめて……」

驚きの声をあげた美智子さんは、私の腕を振り解こうと抵抗します。

その反応に、とんでもないことをしてしまったという後悔が、一瞬よぎりました。

けれど、行動を起こしてしまった以上、もうあとには引けません。

これが、女性の扱いに慣れた男性なら、少しはうまく話を持っていけるのかもしれませんが、自分の場合は抱えていた思いをそのまま伝えるしかできませんでした。

子どものころからあこがれていたこと、初めての相手は美智子さんしか考えられないこと、そのためだけに帰省したことを素直に告げたのです。

黙って聞いていた美智子さんは、吐息をつくと諭《さと》す口調でこたえました。

「私はあなたの叔母なのよ？　それも二十歳も年上だし。賢治《けんじ》君だったら、初めてにふさわしい相手がすぐに見つかるわよ。ね、だからそんな考えは捨てなさい……」

さらに、叔母はつけ加えました。

「抱きついたことは誰にも黙っておいてあげるから、もうこんなことしちゃダメよ。忘れましょ……」

この瞬間、私の捨て身の告白は空振りで終わってしまったのです。

「すみませんでした、叔母さん……ちょっと頭を冷やしてきます。夕食までには戻りますから、心配しないでください……」

美智子さんの豊満な体を抱いていた腕から、やっと力を抜いた私は、ダイニングキッチンを出ました。

予想していたこととはいえ、自分を拒絶した叔母と二人きりのいたたまれなさを考えると、同じ空間にいたくありませんでした。

それでその日は陽が暮れるまで、さして賑《にぎ》やかとはいえない市内をブラブラと歩き回って過ごしました。

なつかしさも感じず、この土地に残った友人と会って話す気も起きません。押さえ込んでいた罪悪感と後悔が胸の中で渦巻いている気分で、もう何も考えたくありませんでした。

それでも夕方、叔母夫婦の家に帰った私を、美智子さんは少し強張った微笑で迎えてくれました。

あとは前夜と同じで、娘さんが自分の部屋で寝たあとは、三人で酒宴になりました。

昼間の出来事を忘れたい気分の私は、速いピッチで焼酎のグラスを飲み干し、旦那さんも上機嫌でペースを合わせます。

美智子さんはといえば、ときどきこちらに視線を向けますが、昨夜とは逆に目が合うとすぐに顔をそらしました。

やがて、顔を真っ赤にした旦那さんが、ふらふらと立ち上がりました。

「いやぁ、やっぱり若い人にはかなわないな。すっかり酔っ払っちまったよ……俺は明日も仕事だから、先に失礼して寝させてもらうわ」

このままでは、また美智子さんと二人きりになってしまいます。私もよいタイミングだと思い、立ち上がりました。

自分ではずいぶん飲んで酔っ払っているはずなのに、布団に入ってもまるで眠気を感じず、ただ息苦しさを味わっていました。いろいろな思いが、どうどう巡りするばかりです。

とにかく明日は早く起きて、なるべく叔母の顔を見ずに東京へ帰ろう、そう決めて無理やり目を閉じました。

そのとき、廊下から聞こえたかすかな足音に続いて、部屋のドアが開くと、人影が入ってきたのです。

「賢治君……寝ちゃった？」

そう言って、私の顔をのぞき込んだささやきと、甘い匂いは美智子さんのものでした。

私は半身を起こして、ネグリジェ姿の彼女を見ました。

信じられない気持ちで呆然《ぼうぜん》としている私の目の前で、美智子さんはネグリジェを脱ぎ捨てました。眠れなかったおかげで闇に目が慣れていた私は、ネグリジェの下に彼女は何も身につけていないとわかりました。

「叔母さん……昼間は断ったのにどうして？」

夢見心地の私の質問に美智子さんはすぐに答えず、素裸で布団にもぐり込み、私のパジャマを脱がせにかかります。

美しい叔母の、なめらかで柔らかな肌がふれました。

緊張で金縛りになっている私に、美智子さんはささやきました。

「こんな私のことを、女と見てくれたから……あんなことを言われるなんて、ほんとうに何年ぶりかしら。それがうれしくて、賢治君の気持ちにこたえたいと思ったの……」

美智子さんが言うには、昼間は急なことで驚いてしまい、叔母と甥という関係もあって、ためらってしまったのだそうです。

そんなことをささやきつづけながら、美智子さんはときどきキスをしてくれて、気がつくと私の下着まで脱がせていました。

さらに彼女の手は、私の股間に伸ばされ、胸板に何度もキスをしてくれました。

しかし、私のモノはおとなしいままです。

緊張のためか、お酒のせいか、おそらくその両方が原因だと思いますが、私はひどくあせりました。

それでも、美智子さんはあわてた様子もなく微笑を浮かべます。

「あんなに、私としたがっていたのに……」

そう言うと、するすると体をずり下げ、私のモノに美しい唇をかぶせました。

「うっ……」

美智子さんは硬くなりはじめたモノをくわえたまま、手で上下にしごいて、刺激を加えます。

やがて、私のモノは完全に硬く立ち上がりました。

「大きくなったわね。赤ちゃんのころは、あんなにちっちゃかったのに……」

「えっ、見たことがあるの？」

「私、あなたのおしめを何度も替えたことがあるのよ……」

クスクス笑いながら美智子さんは上になり、私のモノの先端を女性の中心部にあてがうと腰を落としました。

経験のなかった私には、すでに彼女が濡れていたからなのか、唾液でたっぷりと濡らされていたのかはわかりません。軽い肉の抵抗を感じたかと思った次の瞬間、私のモノは美智子さんの中に根元まで差し込まれたのです。

「ううっ！」

モノを包み込む叔母の内部の温かさ、初めて味わう快感に、思わず出かかった声を、私はかろうじて呑み込みました。寝ている旦那さんや娘さんのことが、気になったからです。

そんな私の気持ちを察したのでしょう、美智子さんは腰の動きを止めて、声をひそめました。

「うちの人はお酒を飲むと、めったに起きないわ。でも、あまり声を出さないほうがいいわね……」

そしてまた、二度、三度と腰を深く上下させたのです。

私にとって、それがとどめになりました。

「イッちゃいます……美智子さん！」

短く訴えた私は、急激に高まった快感の中で、叔母の中にドクドクと精液を噴出させたのでした。

豊かで柔らかな乳房を押しつけたまま、美智子さんは股間をテッシュでぬぐい、私の額に軽くキスをしました。

「賢治君もこれで童貞を卒業して、立派な大人の男の仲間入りだわ。おめでとうって、言うべきかしらね……」

確かに、念願の美智子さんを相手に初体験できた私は、幸せで胸がいっぱいになっていました。しかし、その気持ちの片隅で、まだまだ立派な大人の男の資格はないと、ぼんやり考えていました。

ついさっきは、彼女が一方的に私を導いてくれただけなのですから。

一度、精液を放出したとはいえ、私のモノはまだまだ勢いを失っていません。それに、どんなかたちであれ初めての経験をすませたことで、何かしら余裕のようなものさえ感じてもいます。

今度は自分ががんばる番だ！　そう思った私は、いきなり美智子さんを強く抱き寄せ、キスをしました。

「えっ？」

意外そうな声をあげた美智子さんですが、すぐに私の意図を察してくれて、体から力を抜いてくれました。

体重をかけないよう気をつかって上になった私は、薄く汗ばんだ叔母の胸に舌を移動させます。

美智子さんの乳輪は、薄暗い中でも色素が薄く大きめだとわかりました。これも夢にまで見た光景です。私は目の前の乳首に吸いつき、軽く歯を立てました。

舌先に、乳首が硬くなっていく様子が伝わります。

「あっ、賢治君……」

美智子さんの手が、私の頭をつかんで引き寄せました。

私は乳首を舌先で転がしながら、そろそろと右手を彼女の下半身へと伸ばします。

指先に、さわさわとしなやかな茂みの感触が伝わりました。さらに移動させた指先を、ヌルヌルと熱ささえ感じる粘液が濡らします。

「そこ、柔らかくこねて……」

はぁ、はぁ、と呼吸を荒くした美智子さんは、目を閉じてうめきました。

言われたままに指先を動かすと、ニチャニチャと湿った音がして、私の頭をつかむ叔母の手に力がこもります。

すぐにまた美智子さんが欲しくなった私は、ヌルヌルになった指を引き上げると、さっきよりもいっそう硬くなったような気がするモノを、濡れた部分に押しつけました。けれど、なかなか挿入できません。

あせった私は、何度も試みますが、やはりうまくいきませんでした。

すると、美智子さんの手が伸びて、私のモノを軽く握りました。

「ここよ……落ち着いて」

モノの先端に、熱い粘液を感じました。

美智子さんは、私の耳元で吐息混じりのアドバイスをさらにつけ加えます。

「あせらないで、少しずつ腰を突き出して……」

言われたままに、私は腰を前進させました。

すぐに熱く柔らかい粘膜が、私のモノを包み込みます。

美智子さんはきつく目を閉じ、小さく喘ぎました。

「はうっ！」

今度は、我慢できそうでした。

一度目とは違い、眉間にしわを作った美智子さんの表情を観察しながら、私はあえてゆっくりと動きます。

指を使ったときとはまた違う、男のモノと女のアソコがつながり絡み合う、湿った音が小さく響きました。

「そろそろ、もっと動いて……」

美智子さんの要求に、私は大きな動きでモノを出し入れしました。

その動きに合わせて、二人がつながった部分から発する音も大きくなります。

「だめっ、声が出ちゃう！」

そう言った美智子さんは、あわてて口を左手で押さえ、右手でシーツを強くつかみました。

彼女の内部が急激に狭まり、私のモノに刺激を与えます。これは、一度目にはない感覚でした。

まるで脳天までしびれるような快感に襲われた私もまた、叫び出したい気分の中で限界を感じました。

そして、美智子さんの中に二度目の放出をした私のモノは、いつまでもビクンビクンと脈打ちつづけたのです。

呼吸がととのったあとも、私たちはつながったまま抱き合い、しばらくの間、顔を見合わせて、声を出さずに笑うとキスをしました。
ありがとう美智子さん、と私は心の中でつぶやきました。

その夜、私たち甥と叔母は、もう一度交わりました。

単に童貞を卒業したというだけでなく、完全とは言えないまでも自分の主導権で美智子さんを満足させたことは、女性に対して大きな自信になりました。

結局、美智子さんとはあの夜だけで、その後、何度か顔を合わせることがありましたが、互いに素知らぬ顔をしています。

けれど、私にとってはこれ以上ない最高の初体験でした。きっと、死ぬまで忘れることはないでしょう。

スナックのママをする妖艶な継母と誰もいない店内で許されざる肉交姦！

矢澤文吾　会社員　三十五歳

四年前に母が亡くなり、その翌年に父が女を家に招き入れ、気がついたときには、籍を入れてしまったあとでした。

三人の姉は結婚して家を出ており、私も自立しているため、そんな状況にあるとは夢にも思っていませんでした。

継母の名は杏子《きょうこ》といい、年齢は四十六歳。父より三十歳も若い飲み屋の女で、しかも父に金を出させて、自分の店まで持っていたんです。

うちは先祖代々の大地主で、財産目当てではないのか、どうにかせよと、姉からの命を受け、興信所を使って調べたところ、彼女には男がいることが判明しました。

証拠写真を手にスナックを訪れると、杏子さんは一人で開店準備をしている最中でした。

「あら、文吾《ぶんご》ちゃん。久しぶりね」

実は姉たちには内緒にしていたのですが、私は彼女が前に働いていたスナックに何度か顔を出しており、顔見知りだったんです。

切れ長の目にすっきりした鼻筋、ふっくらした唇に艶《つや》ボクロ、さらには肉感的な体つきと、とても妖艶《ようえん》な女性で若々しく、父が骨抜きにされても仕方ないと思えるほど魅力的な女性でした。

「忙しいところすみません。ちょっと……話、いいかな？」

「いいわよ。開店まで、まだ時間もあるし。どんな話かしら？」

「う、うん……」

「ちょっと待って」

カウンター席に腰をおろすと、杏子さんは店の扉を閉めにいき、内鍵をかけてから戻ってきました。

「お酒、飲むでしょ？」

「いや、けっこうです」

断ったものの、彼女はカウンターに回り込み、グラスを手にして問いかけました。

「それで、何の話？」

「あの……突然で悪いんだけど、親父と別れてほしいんだ」

「まあ、何を言い出すのかと思ったら……ほんとうに唐突ね」

どんな話かは、うすうす勘づいていたのだと思います。彼女は肩をすくめ、鼻で笑いました。

「そんなこと、お父さんに言えばいいじゃない。私のほうから結婚してって催促したわけじゃないし、プロポーズされたんだから」

「杏子さん、浮気……してますよね？」

「何のことかしら？」

とぼける杏子さんを睨《にら》みつけながら、私は背広の内ポケットから取り出した、証拠写真を見せました。

「男の人とラブホテルに入る女性、あなたですよね？　相手の男もどこの誰か、もうわかってるんですよ」

それでも彼女は顔色を変えることなく、微笑を浮かべました。

「どうしたの？　この写真……」

「興信所を使ったんですよ。この男性と週に二回、会っていますよね？　調査報告書もあるんですよ」

「驚いたわ。まさか、興信所に調査を頼んでたなんて……」

「これって、完全な不貞行為ですし、立派な離婚事由になりますよ」

こちらが強気の姿勢で問い詰めると、彼女は動じることもなくグラスに氷を入れ、ウイスキーを注ぎ入れました。

「それで、その写真をどうするつもり？」

「父に見せたら、離婚は避けられないんじゃないですか？」

「だから、身を引けって言うの？」

「そ、そうです……」

語気を強めた瞬間、美熟女は高らかな笑い声をあげ、私はぽかんとしました。

「な、何が、おかしいんですか？」

「好きにすればいいわ。だって、あの人、私に男がいることは、とっくの昔から知ってるもの」

「えっ!?」

「それでもいいから結婚してくれって言ったのは、あなたのお父さんなのよ……」

水商売をしているのですから、男との接点が多いのは当然のことで、確かに交際している異性がいたとしても不思議ではありません。

「お金のむだになっちゃったわね。ま、とにかく、飲みなさいよ……」

ひたすら啞然とするなか、杏子さんは余裕綽々《しゃくしゃく》の表情でウイスキーを差し出し、カウンターから出てきて、となりの席に腰かけました。

「でも、びっくりしたわ。勢い込んで、飛び込んでくるんだから。きっと、お姉さんたちにそそのかされたのね……」

「いや、それは……」

「ショックだったな……久しぶりに会ったのに。文吾ちゃん、とってもかわいい子だなって思ってたのに……」

「かわいいって……俺、三十五ですよ」

「ふふっ、私から見たら、歳の離れた弟みたいなものよ。戸籍上では、義理の息子だけど……」

彼女はそう言いながらしなを作り、熱い眼差しを向けました。

色っぽい微笑みにドキリとしたのは事実で、しかも赤いワンピースは丈が短く、むっちりした太ももが剝き出しの状態なのですから、私は気を逸《そ》らそうとウイスキーを半分ほど一気に飲み干してしまったんです。

「あ、くはあぁっ、な、なんですか、この酒……めちゃくちゃ強いじゃないですか」

ウイスキーが五臓六腑に沁み渡り、全身が火の玉のように燃え上がりました。

瞬時にしてアルコールが全身に回ると、彼女は手のひらを私の太ももに乗せ、身を寄せてきました。

「ねえ、文吾ちゃん、私の味方になって……」

「はあ?」

「三人のお姉さん、苦手なのよ。私はあなたのお父さんの正式な妻なんだから、強引に別れろと言うほうがおかしいでしょ?」

「そ、それは……」

「ね?」

耳元で囁かれ、太ももを優しくなでられた瞬間、股間に血液が集中し、ペニスがズボンの下でムクムクと膨張しました。

いまにして思えば、ウイスキーの中に強力な精力剤が入っていたのかもしれません。猛烈な性欲が逆巻くように突き上げ、盛りがついてしまったかのような状態でした。

「あ、ちょっ……むうっ!」

しなやかな指が股間のふくらみを這い、甘美な電流が背筋を駆け抜けました。

「あらあら、どうしたの? こんなに大きくさせちゃって……」

「や、やめてください……あ、んむうっ！」

前屈みの体勢から顔を上げて拒絶した刹那、杏子さんに唇を奪われ、私は目を白黒させました。

まさに電光石火という表現がぴったりの早業で、熱い舌が口の中にすべり込んだと思ったときには、舌を吸われていました。

杏子さんのキスはとにかく情熱的で、顔を傾けて大口を開け、むさぼり尽くすようにかぶりついてくるんです。

このまま食べられてしまうのではないかと思ったほどで、その間も彼女の手は股間をいじっていたのですからたまりません。

あのときは為すがままの状態で、舌が根元からもぎ取られそうなキスに、正常な思考が吹き飛びました。

「ぷふぁ」

「こっちに、いらっしゃい」

「あ……」

杏子さんは私の手首をつかみ、奥のボックス席へと導きました。

海千山千の彼女に対して、私のようなお坊ちゃん育ちが通用するわけもなかったんです。

「ちょっ……」

上着を脱がされ、シートに無理やり座らせられると、彼女は私の腰を大きく跨《また》ぎました。

ワンピースのすそがめくれ、これまた深紅のショーツが目を射抜き、男の分身がズキンと疼きました。

「あ、おおっ！」

なんと彼女は、股のつけ根をズボンのふくらみに押し当て、腰をくねらせはじめたんです。

その間にネクタイをほどかれ、ワイシャツのボタンがはずされました。

「待って、待ってください」

「待つ必要ないでしょ？　こんなになってるのに……」

血が繫がっていないとはいえ、私と彼女は親子の関係なのです。

父の妻と淫らな関係を結ぶわけにはいかず、頭の隅に罪悪感が渦巻く中、チャックが引きおろされると、腋の下がべっとり汗ばみました。

「だめですったら……あ、くうっ！」

腰がくねくねと揺れるたびに、快感が股間から脳天を貫きました。

ほっくりした女芯の感触は下着越しでもはっきり伝わり、火のついた性欲は収まりそうもありませんでした。

首に手を回され、再び唇をふさがれたとたん、拒絶する意思はほぼ消え失せていたのではないかと思います。

杏子さんは唇をほどき、耳元で甘く囁きました。

「私の味方になってくれたら、気持ちいいこと、たっぷりしてあげる……」

「な、なんてことを……だめですよ」

「おチ○チンは、そうは言ってないみたいだけど……」

「あ、ふうっ！」

柔らかい手のひらで股間をなでられると、背筋がゾクゾクし、ペニスの芯が派手にひりつきました。

「ふふっ、かわいい……」

彼女はそう言いながら床に下り、私のズボンを下着ごと引きおろしたんです。

「な、何を？」

「ほら、腰を上げて」

「あ、あああっ！」

腰をよじったところで布地がお尻のほうからペロンと剝かれ、ペニスがバネ仕かけのおもちゃのように跳ね上がりました。

「ひっ！」

「まあ！　文吾ちゃんのおチ○チン、逞しいのね……お父さんのとは比較にならないわ。タマタマも大きくて、ずっしりしてる」

「ああ、あああっ！」

恥ずかしい箇所を見られているだけで異様な昂奮が突き上げ、私は裏返った声で喘ぎました。

やがて彼女はペニスを握り込み、前後に軽く振ったあと、なまめかしい舌を差し出して、裏筋から縫い目をペロペロ舐め回しました。

そしてカリ首に舌先を這わせ、ペニスを真上からがっぽり吞み込んでいったんです。

「あ、おおっ！」

杏子さんはペニスを根元まで咥え込み、先端を喉の奥でキュッと締めつけて、顔をゆったり引き上げました。

唇の狭間から大量の唾液が滴《したた》り落ち、飴色に輝く逸物のなんと卑猥だったことか。

彼女はすかさず顔の打ち振りを開始し、巨大な快感が下腹部で暴風雨のごとく荒れ狂いました。

頬をぺこんとすぼめ、鼻の下を伸ばし、猛烈な勢いでペニスを吸い立てるフェラチオには目を見張ったほどです。

ずちゅずちゅ、ぐちゅん、じゅぽっ、じゅぽぽぽっ！

派手な水音が響き渡り、全身が心地いい浮遊感に包まれました。

彼女はさらに首を螺旋《らせん》状に振り、口の中の粘膜でペニスを引き転がしてきたんです。

あのときは射精をこらえることに必死で、拒絶はもちろん、私のほうから積極的に行動する余裕はまったくありませんでした。

「あ、ううっ！」

うめき声をあげながら口戯を見つめていると、杏子さんは自らショーツをおろし、足首から抜き取りました。

本気で性交するのだと悟った瞬間、かすかに残っていた理性も彼方へと吹き飛んでしまったんです。

「舐めて……」

彼女はとなりに腰かけると、大股を開いて、女の園を剝き出しにしました。

発達した陰唇、小指の爪大ほどのクリトリスに続いて、たっぷりの愛液をまとわせた、紅色の内粘膜が目をひきました。

もしかすると、あそこに香水を振りかけていたのかもしれません。

甘ずっぱい匂いに混じったフェロモンが鼻先にただようと、性感が頂点に達し、鼻息が荒くなりました。

私は花園に誘われるミツバチのように、身を屈めて女の花にむさぼりついたんです。

「ああ、そう、そうよ！　もっと舌を動かして……はぁ、気持ちいいわぁ！」

言われるがまま舌先を跳ね躍らせ、愛液をじゅるじゅるすすり上げると、肉厚の腰がぶるっと震えました。

とろみの強い粘液が絶え間なく溢れ出し、口の周りがベトベトになるほどの量で、ペニスは早くも熱い脈動を訴えました。

「文吾ちゃん、あなた……すごくうまいわ。お口だけで、イッちゃいそうよ……」

単純にも賞賛の言葉に背を押され、私はクンニリングスに没頭しました。

もちろんペニスはなえる気配もなく、あのときはあと戻りする気持ちなど、微塵《みじん》も残っていなかったと思います。

とにかく、ペニスを美熟女のおマ◯コにぶち込みたいという衝動に駆られる最中、甲高い声が耳に届きました。

「はあぁ、もう我慢できないわ！」

杏子さんは私を起こし、再び腰に跨《また》がると、垂直に起こしたペニスをぬめり返る中心部にあてがいました。

「うあっ！」

くぱっと陰唇が割り開き、亀頭を呑み込んでいく光景は、いまだに忘れられません。

抵抗感はさほどなく、カリ首はすぐに膣の中に埋めこまれ、生温かい粘膜がべったり絡みつきました。

実は私は、熟女と体を合わせるのは初めてのことだったんです。

杏子さんのあそこの中は溶鉱炉《ようこうろ》のように熱く、こなれた膣肉がうねりながらペニスを締めつけてきたときは、射精へのスイッチが入りそうになりました。

「うっ、くっ……」

奥歯を嚙みしめてこらえると、ペニスは根元まで咥えこまれ、すかさず激しいピストンが始まりました。

これがまた強烈で、レゲエダンサーさながら腰を振り回し、恥骨を何度もかち当ててきたんです。

「ああ、硬い！　硬くて、大きいわ！　文吾ちゃんのおチ○チン、気持ちいいとこに、たくさん当たるのぉ！」

バチンバチンとヒップが太ももを打つ音が高らかに鳴り響き、射精願望がゆるみなく上昇しました。

「あ、ああ、も、もう……」

とても情けない話なのですが、結合してから五分と経《た》たずに我慢の限界に達してしまったんです。

「はぁあっ、私もイキそう！　突いて、文吾ちゃんも、突いてっ!!」

脳みそが沸騰し、目の前で白い火花が八方に飛び散りました。

どうせこらえられないならと、私は豊満なヒップを抱え込み、あらん限りの力を振り絞って腰を突き上げたんです。

「あひいっ！」

杏子さんは奇妙な声をあげたあと、身をそらして、ロングヘアを振り乱しました。

結合部に目を向けると、ペニスは大量の愛液でどろどろになっており、膣肉の摩擦と温もりが、バラ色の快感を吹き込みました。

おそらく一分ほどは、強烈なピストンで膣の奥を突いたでしょうか。

スライドのたびに媚肉がペニスをもみしごき、いよいよ切羽詰まった状況に追いこまれた私は、大きな声で放出の瞬間を訴えました。

「あ、も、もうイクっ！　イキますっ！」

太ももの筋肉を痙攣させた直後、杏子さんはヒップをガクガクとわななかせ、ペニスを膣から引き抜きました。そして腰を落としざま、愛液でヌルヌルのペニスを、これでもかとしごき立てたんです。

「あ、おぉぉっ！」

「いいわ、イッて！　たくさん出して！」

天を仰ぎつつ、私は大股開きの体勢で、快感にどっぷりひたりました。

「あ、あ、あ……イクっ、イックぅぅ！」

「きゃあっ！」

柔らかい指がカリ首をこすり上げた瞬間、睾丸の中の精液が尿管に流れ込み、鈴口から一直線に放たれました。

あれほどの派手な射精は、十代のとき以来だったのではないかと思います。

「すごい、すごいわ！　まだ出る……」

杏子さんはさもうれしげに言い放ち、指で胴体を絞り立てました。

合計数回の放出を繰り返したあと、お掃除フェラでペニスをしゃぶられたときは、感動すら覚えたほどです。

こうして私は、百戦錬磨《れんま》の継母に撃沈されてしまいました。

私ごときの若輩者がかなうような相手ではなく、今も月に何度か開店前の店に呼び出されて、肉体関係を続けています。

姉たちからは、父と杏子さんのことはどうなっているのかと責められ、とても困っています。

◉新人作品**大募集**◉

マドンナメイト編集部では、意欲あふれる新人作品を常時募集しております。採用された作品は、本人通知のうえ当文庫より出版されることになります。

【応募要項】未発表作品に限る。四〇〇字詰原稿用紙換算で三〇〇枚以上四〇〇枚以内。必ず梗概をお書き添えのうえ、名前・住所・電話番号を明記してお送り下さい。なお、採否にかかわらず原稿は返却いたしません。また、電話でのお問い合せはご遠慮下さい。

【送付先】〒一〇一-八四〇五 東京都千代田区神田三崎町二-一八-一一 マドンナ社編集部 新人作品募集係

禁断告白《きんだんこくはく》スペシャル《すぺしゃる》 相姦不倫《そうかんふりん》－背徳《はいとく》の肉悦《にくえつ》

二〇二一年四月十日 初版発行

編者◉素人投稿編集部【しろうととうこうへんしゅうぶ】

発行◉マドンナ社

発売◉二見書房

東京都千代田区神田三崎町二-一八-一一

電話 〇三-三五一五-二三一一(代表)

郵便振替 〇〇一七〇-四-二六三九

印刷◉株式会社堀内印刷所 製本◉株式会社村上製本所 落丁・乱丁本はお取替えいたします。定価は、カバーに表示してあります。

ISBN978-4-576-21038-4 ◉ Printed in Japan ◉ ©マドンナ社